消えゆく「限界大学」

私立大学定員割れの構造

Ogawa Yo
小川 洋

白水社

はじめに

二〇一二年十一月、当時の田中眞紀子文部科学大臣が、翌春に開校予定だった秋田公立美術大学、札幌保健医療大学、岡崎女子大学の三校の認可に待ったをかけた。文科省と相談しながら教員や施設・設備などを準備し、大学設置・学校法人審議会の審査を経て、開校まで秒読み段階だった側にしてみれば青天の霹靂であった。マスメディアや専門家からは、「唐突」「不認可の理由がない」など、戸惑いとともに批判の声が上がったが、世論には田中大臣の発言を支持する空気もあった。

田中大臣が大学に進学した一九六三年の大学数は国公私立を合わせて二七〇校だったが、この年には七八三校あり、私立大学に絞れば一六四校から六〇五校へと三・七倍にも増えている。また四年制大学進学率（現役）は、この間に一二・〇パーセントから五〇・八パーセントへと、すでに二人に一人以上が大学に進むまでになっていた。しかも少子化が確実に進行しているのだから、田中大臣の言動が掟破りだったとしても、大学の数や質を見直す段階に来ているのではないかという議論は、一定の共感を呼ぶものだった。

わずか五日後に大臣は前言を撤回し、三校とも予定どおり開学しているのだが、その後はどうなっているのか。まず秋田市立である美術大学は定員一〇〇人の小規模大学である。五二年に県立工芸学校（専門学校）として開設され、その後、九五年に短大となっていた。一五年度入試では倍率が二・七倍あった。専門学校時代から、地域に人材を送り出してきた歴史と公立大学であることから、東北地方を中心に広く受験生を集めている。

札幌保健医療大学は、看護学部のみの入学定員一〇〇人の単科大学である。近年、急速に増えている看護師養成大学のひとつであり、医療やビジネスなどの多様な専門学校を経営する学校法人が看護専門学校を四年制大学へ転換させたケースである。ここも倍率は二・一倍あり、看護師養成課程の人気にあずかり、地域の受験生のニーズに応えるかたちになっている。

岡崎女子大学は六五年に開設された女子短期大学が母体となっている。学校法人は、三つの幼稚園を経営し、短大は幼稚園教員の養成を主としてきた。現在も短大は存続し、現代ビジネス学科、幼児教育二学科（ひとつは三年制）の計三学科（入学定員三一五人）体制である。短大の定員の一部を振り替えて、従来のキャンパス内にこども教育学部のみの大学を開設した。取得可能な資格は、短大と同様の保育士と幼稚園教諭であるためか、一五年度には定員一〇〇人のところ入学者六〇人と、学生集めには苦戦を強いられている。

田中大臣の不認可騒ぎは、八〇年代後半から始まり約三〇年に及んだ大学新設ラッシュの最終段階で起きたのだが、これらの三大学は、この間の大学新設の様相を象徴するものとなった。結論的に言えば、公立大学は基本的に安定、看護や保健などの特定分野に焦点を絞ったニッチ（すきま）な小規模大学も、現在のところ、その多くは安定経営である。一方、短大から四年制大学に改組転換した大学の多くは、学生募集では厳しい状況に置かれている。田中大臣は、三つの大学すべてにダメ出しをしたのであるが、個別に精査して意見を付していたならば、もっと議論が深まっていたはずである。

いずれにせよ私立大学がすでに過剰になっているのは明らかで、九九年から定員割れ大学が急増し、〇八年以降は二校に一校近くが定員割れとなっている。私立大学の最大の収入源は学生の納付金であるから、定員割れの進行は大学の存立を危うくする。私大経営の採算ラインは経験的に定員の八割とされている。すでに何年にもわたって充足率が八〇パーセントを割っている大学も一〇〇校を超える。これらの大学は存続の限界に近づいていると言える。なぜか最近まで、「四年制大学は潰れない」と思われてきたのだが、撤退に追い込まれる大学が出始めている。

九二年に二〇〇万人を超えた十八歳人口は、〇八年に一二〇万人台まで減り続け、その後しばらく横這いで推移してきたが、「一八年問題」とも言われる一八年から始まる十八歳人口のいっそうの減少が間近に迫っている。一四年の出生数はちょうど一〇〇万人であり、子ども連れ家族の移民の大量流入、あるいは一五年に五三・八パーセントだった大学進学率の大幅な上昇でもない限り、一八年度以降の一八年間に大学進学者は一〇万人以上減少することになる。入学定員五〇〇人の大学が二〇〇校以上消えてなくなる計算である。

定員割れの渦中にある大学の多くは目先のことに追われ、受験生たちが消えていった理由を落ち着いて考え、何をなすべきか考える余裕もないようである。いったん定員割れした大学の多くは、年を追って状況が深刻になり追い込まれていく。私立大学について文科省は、基本的には市場競争によって弱い大学が淘汰されて需給が調整されればよいという姿勢のようだが、大きな社会的混乱は招きたくないとも考えているはずである。

定員割れ問題は、大学などに属する教育研究者にとって扱いにくいテーマであるためか、学術的なアプローチの研究は少ない。また、先進国のなかで日本は私立大学の占める割合が非常に高いにもかかわらず、大学の経営や運営を扱うコースをもつ大学は少ない。〇五年に東京大学に「教育学研究科大学経営・政策コース」が設置されたころには、立命館大学など一部の私立大学にも大学職員の専門性を高めるための研究科が設置されている。しかし、有能な専門職員は育っているとしても、私立大学の定員割れなどの病理現象を追究する研究はほとんどないのが現状である。

一方のマスメディアでは、教育情報企業の算出する偏差値などのデータをもとに、一定ライン以下の大学は市場から支持されていないのだから退場すべきだ、とする単純な議論が行なわれがちである。「(経営が)危ない大学」をテーマとする雑誌・書籍は枚挙にいとまがない。良質な教育ジャーナリズムが育っていないことも、政治家や国民に広く大学についての正確な情報を伝わりにくくしている。

しかし実際の大学の現場には、当然のことながらさまざまな人間ドラマが繰り広げられている。小さな単科大学を、十八歳人口の減少期に入ってからの二、三〇年間に大規模な総合大学に育てた人びともいた。また、優れた判断力をもち、強い使命感に支えられた指導力豊かな人物に恵まれ、小さいながらも地域の研究教育の拠点としてなくてはならない存在となる大学もある。それらの大学は、いったん定員割れに陥っても、数年の間に定員を超える志願者を集めるまでに回復する。

反対に、大学経営者の肩書が欲しい程度の動機の人物によって、大学として最低限の施設・設備や教員だけで開設され、定員割れして当然としか思えない大学も少なくない。定員割れはある年、突然に発生するわけではない。応募者の減少傾向が見えた時点で学部・学科構成を見直すなり、キャンパス整備を進めるなどの手を打てなかった点で、経営者(理事)や運営者(学長)の能力の限界が示されていたのである。人材的にも財力的にも大学を経営するだけの能力に欠ける、文字どおり弱くて小規模な弱小私大が、存亡の淵に立たされている。これらの私立大学を「限界大学」と呼びたい。

では、どのような組織（人びと）によって、これほど多くの限界大学が、なぜ、いつ、どのように開設されてきたのか。状況の正確な分析がなければ適切な施策も出てこない。また、これから大学に進学しようとしている高校生やその保護者あるいは指導する教員たちにとっても、大学を見極める手がかりを得られない。保護者や受験生にとって、大学についての情報は意外と乏しい。現在の状況を理解するためには、必要な範囲で戦後の大学政策と大学の歴史を振り返る作業も欠かせない。第一章ではまず、すでに退場した大学、また、さまざまな意味で限界が明らかになりつつある弱小私大について確認をしていこう。

消えゆく「限界大学」——私立大学定員割れの構造◆目次

第1章

試練に立たされる弱小私大

1 消えた大学

中京圏の新設私大での経験をもとに、二〇〇四年に『崖っぷち弱小大学物語』を上梓した杉山幸丸は、「二〇一〇年ころには三〇パーセントの私立大学が廃学に追い込まれる」と予想した。〇四年度の私大数は五四二校だったので一六〇校あまりとなるが、〇四年以降一六年までに名前の消えた、または消えることが確実な私大は二七校にとどまっている。

私大のリストからの消え方には三通りある。ひとつは公立への移管、ひとつは他大学への統合、そして完全な閉校（廃学）である。まず学生募集に苦戦していた地方の私大のいくつかが公立に移管された。公設民営方式によって一九九七年に開学した高知工科大学は二〇〇九年に、一六年には山口東京理科大学（山陽小野田市立山口東京理科大学に名称変更）と京都府の成美大学（福知山公立大学に名称変更）が、それぞれ公立に移管された。この間、静岡文化芸術大学、沖縄県名護市の名桜大学、鳥取環境大学、長岡造形大学の四校が相次いで公立に移管され、七校ともその後、学生募集は順調に回復している。

また統合のケースでは、共立薬科大学、聖和大学、聖母大学の三校が、それぞれ慶應義塾大学、関西学院大学、上智大学に統合された。いずれも学生募集に苦戦していたわけではないが、薬学、教職、看護の各課程をもつメリットを買われ、設立の背景が似ていたことなどもあり、有力な総合大学に吸収された。また〇二年には大阪国際女子大学が大阪国際大学と統合し、〇八年には北海道東海大学と九州東海大学が東海大学に統合され、それぞれ札幌キャンパス、熊本キャンパスとなっている。さらに浜松大学と富士常葉大学とは、一三年に常葉大学に統合され、それぞれ浜松キャンパスと富士キャンパスになっている。これらの大学は名称こそ消えても実態は残るが、**図表1-1**の一二校は名実ともに消える（消えた）大学である。

閉校に追い込まれた大学は、最大でも入学定員四〇〇人以下の小規模大学である。三重中京大学は現代法経学部のみの入学定員二〇〇人、東京女学館大学は国際教養学部のみの一一五人、愛知新城大谷大学は社会福祉学部のみの一〇〇人、神戸夙川学院大学は観光学部のみの二七〇人など、単科大学も目立った。それぞれ閉校の数年前から深刻な定員割れが続いていた。また聖トマス大学と東和大学および三重中京大学（開設時は松坂大学）は開設後三〇～五〇年程度の歴史があったが、その他の九校はいずれも開設二〇年未満の歴史の浅い大学であった。

多くの学校法人は大学を閉校しても、高校などの併設校が残っている。東和大学を経営していた法人は跡地に看護系大学を開設し、また三重中京大学を経営していた法人は、名古屋市などにある大学と中学・高校の経営に集中している。神戸ファッション造形大学、愛知新城大谷大学、

図表 1-1◆閉校(予定)・募集停止の大学

大学名	所在地	開設年	閉校年	募集停止年
立志舘大学	広島県坂町	2000年	2004年	
東和大学	福岡県福岡市	1967年	2011年	2007年
創造学園大学	群馬県高崎市	2004年	2013年	
神戸ファッション造形大学	兵庫県明石市	2005年	2013年	2009年
三重中京大学	三重県松坂市	1982年	2013年	2010年
愛知新城大谷大学	愛知県新城市	2004年	2013年	2010年
福岡医療福祉大学	福岡県太宰府市	2002年		2010年
聖トマス大学	兵庫県尼崎市	1963年	2015年	2009年
東京女学館大学	東京都町田市	2002年		2013年
福岡国際大学	福岡県太宰府市	1998年		2014年
神戸夙川学院大学	兵庫県神戸市	2007年	2015年	
プール学院大学	大阪府堺市	1996年		2016年

東京女学館大学、福岡国際大学、神戸夙川学院大学およびプール学院大学は、大学経営から撤退し、短大や専門学校あるいは中学・高校の経営に専念する体制となっている。なおプール学院大学の教育学部は桃山学院大学に統合される予定とされている。

多くのケースでは学生募集停止後、三〜四年後にすべての在学生を卒業させ閉校しているが、観光文化学部のみの単科大学であった神戸夙川学院大学の場合は、近隣の神戸山手大学現代社会学部に継承され、在学生もそのまま移籍して募集停止年に閉校された。逆に一六年に閉校予定であった東京女学館大学は、複数の留年者が出たために、予定どおりに閉校できていない。

学校法人自体が解散に至った例はまだ少なく、聖トマス大学と立志舘大学および創造学園大学だけである。解散に際しては、いずれも理事長や理事の不祥事が表面化し、とくに創造学園大学は乱脈経営を咎められて文部科学省から解散命令が出された。在学生を抱えたまま解散となったため、学生たちは各専門分野に近い分野をもつ大学への編入手続きを強いられた。立志舘大学は在学生を呉大学（現・広島文化学園大学）に移籍させて閉校している。

閉校後の跡地利用はさまざまである。聖トマス大学と神戸ファッション造形大学の跡地は、宅地あるいは私立中学・高校に学校用地として売却されている。創造学園大学の場合は、法人が破産したため、破産管財人によって複数のキャンパスは社会福祉法人や学校法人に売却されて利用されている。また公私協力方式でスタートした三重中京大学や愛知新城大谷大学の場合は、それぞれ教育委員会や県によって特別支援学校や専門学校の土地に転用されている。

2　消える大学——定員割れのメカニズム

高校以下の学校が消えていくのは、公立校であれば過疎化の進行などに合わせた統廃合によるが、私立学校では、生徒・学生を集められなくなれば退場を余儀なくされて消えていく。大学の場合も同様である。授業料などの学納金収入に大きく頼る私大では、十分な数の学生を集められなければ早晩、経営危機に立ち至る。

学校には厳格な定員制が求められ、必要とされる教員数および施設・設備さらに補助金の算出根拠ともなる。募集定員は公表が義務づけられるから、公開されている定員に対する充足率をみれば、どの大学が退場候補となっているのか見当がつく。しかし、定員割れがどのように起きるのかについて、当事者たちにさえ十分には理解されていない部分がある。定員割れのメカニズムとその意味について確認しよう。

入学定員の管理——水増し入学の解消

初めに高校について確認しよう。全国の高校数（全日制）が最大だったのは、二〇〇二年の四六二九校であった。少子化の進行に応じて一六年までに四二四校が閉校している。九・二パーセント減である。今後も毎年数十校が統廃合によって減少していくと見込まれるが、単純に生徒数の減少に合わせて減っていくわけではない。高校は公私の比率がほぼ七対三である。しかも進学率は九八パーセント以上という実質的に全入状態であるから、高校教育の機会が困難になる地域ができないように、多くの府県では公私間で定員を調整しつつ、計画的に統廃合が進められている。

一方の大学では、国公立と私立の入学者は約一対四の比率であり、圧倒的に私立の割合が大きく、とくに大都市圏には私立が集中している。進学者の増減に対する国公立大学の定員調整の効果は限定的である。またかつて私立大学が定員の三〜四割増しの学生を入学させるのは日常的な光景で、進学希望者の増減の相当部分は、この水増し分によっても調整されており、公表される定員はあまり意味をもっていなかったといってよい。しかし近年、文科省による補助金減額のペナルティや個別的指導によって、定員を大幅に超過する学生を入れる大学はすっかり影を潜めるようになっている。

日本私立学校振興・共済事業団（以下、振興事業団）の「平成27年度 私立大学・短期大学等入学志願動向」（以下、「入学志願動向」）によれば、八九年度には私大三五八校中、定員の一五〇パーセント以上の学生を入学させた大学は四七校（一三パーセント）あり、一二〇〜一四九パーセントを入学させたのも一八一校（五〇・三パーセント）という状態で、全私大の約三分二が二〇パーセント以上の水増し入学をさせていた。ところが、一四年には一四〇パーセント以上の大学はひとつもなく、一二〇パーセントを超えるのも五七八校中三三校（五・七パーセント）にすぎなくなっている。入学者数を定員に近い数字に収めるように定員管理が確実に行なわれるようになっているのである。

第二次安倍政権は一四年六月、大都市圏私大の定員を超える学生募集を抑制することによって、地方の大学に学生が流れるようにし、政権が課題とする「地方創生」に結びつける考えを示した。しかし実情を踏まえれば、そのような政策論が出てくるわけがないのは明らかであり、政権内で基本的な情報共有がなされていないのではないかと疑われる。

入試多様化と定員管理

いくつかの有力私大では、毎年のように一般入試で一〇万人以上の受験生を集めている。ほとんどの受験生はいわゆる滑り止めを含めて数校を受験する。各大学は他校に流れる受験生（辞退率）を予想して合格者を出すのだから相当な誤差が出るのは避けられないはずだ。

朝日新聞出版『大学ランキング　２０１６年版』によれば、近年、毎年のように全国で最大の受験生を集めている明治大学の場合、法学部では八一九九人の受験生を集め、合格者数二五七一人を出したが入学者は六五二人と、入学手続き率は二五・四パーセントにすぎない。同経営学部では入学手続き率は二二・六パーセントである。やはり一〇万人以上の受験生を集める近畿大学の場合、法学部の受験者数が七六九四人、合格者数一九六八人のうち入学者は三四八人と、一七・七パーセントにとどまっている。その他の多くの学部でも一般受験者のうち入学手続きをするのは二割前後であり、辞退率は八〇パーセントに及ぶ。

これだけ大規模な入試を行なって、各大学とも最終的に定員の数パーセント程度の誤差に収めている。なぜそのようなことが可能なのか。その最大の理由は入試方法の多様化である。ほとんどの私大がこの二〇年ほど、辞退率という不安定要素をもつ一般入試の比率を大きく下げてきた。さらに一般入試においては、予想外に多くの入学手続き者が出て大幅な定員超過とならないよう、正規の合格者数を絞ったうえで必要に応じて追加合格を出して入学者数を微調整している大学も多い。

大学の学生募集方法は、ひと昔前に比べるとすっかり様相が変わっている。推薦入試、AO（アドミッション・オフィス）入試、付属・系列校からの内部進学など、一般入試以外の学生募集の比率が大幅に増えてきた。推薦入学については、短大では古くから実施され、国公立大学でも七〇年代後半に取り入れられるが、私大では早期の学生確保手段として広がっていった。一二年度入試では、全入学者のうち、国立で一二・四パーセント、公立で二四・〇パーセント、私立では四〇・三パーセントが推薦入試によるものとなっている。

AO入試は九六年に慶應義塾大学の一部の学部で実施され、九八年の中央教育審議会で肯定的に取り上げられ、採用する大学が急速に増えた。本来は教科の筆記試験では評価の難しい能力や特技に着目して、面接や論文あるいはセンター試験の成績などを加味して選抜する手間のかかる選抜方法であったが、学生募集の競争力に劣る私大では、面接などによる簡便な学生集めの手段として利用されるようになった。国公立では主要な学生募集方法になっていないが、私立全体では入学者の一〇パーセントを超えている。

文科省は毎年、各大学に通知を出して、AO入試は八月から、推薦入試は十一月から行なうように、また二月以降の一般入試に入学定員の五割を充てることを指示しているが、逆に定員の五割までは年内にさまざまな学生募集方法で学生確保していいことになる。**図表1-2**は二〇一二年度入試の調査資料をもとに、文科省が定員充足率別に大学を分類し、それぞれ選抜方法別の学生比率を示したものである。

充足率一〇〇～一二〇パーセント未満の大学では、一般入試の比率が五三・六パーセントと、文科省の指示が守られる形になっているが、充足率一〇〇パーセント未満の大学では、推薦やAO入試の比率が六五～八〇パーセントと五割を大幅に超え、依存度が高いことがわかる。しか

図表1-2◆定員充足率別の入試方法別入学者比率

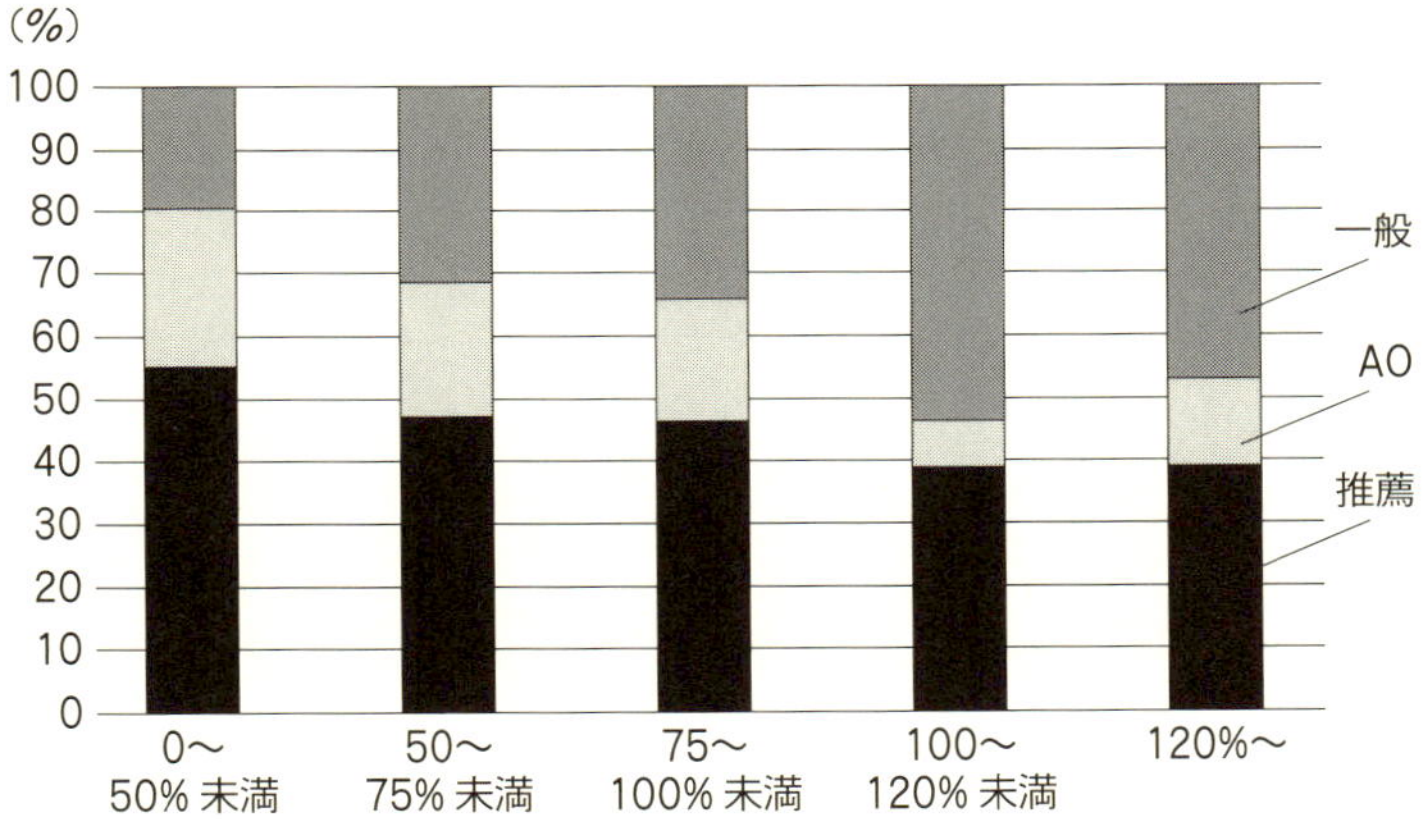

し、それは文科省の通達を無視して早めの学生確保に走った結果ではない。二月以降の一般入試で十分な数の学生を確保できなかったため、年内の推薦入試やAO入試による入学者の占める割合が全入学者の七、八割となったのである。たとえば、充足率五〇～七五パーセント未満のグループでは、推薦入試とAO入試による入学者は合わせて七〇パーセント近いが、充足率七〇パーセントとすれば、年内入試の入学者は定員の五割を超えない。これらの大学は年内入試によって集められるだけ集めようとしても、入学定員の五割を確保することができていないのである。

以下、まず一般入試以外の学生募集の実態から確認しておこう。

一般入試前の学生確保

［1］系列校・付属校

最近では優秀な学生を早めに確保するため、有力私学が系列校や付属高校を増やしている。たとえば早稲田大学は〇九年に大阪に、一〇年に佐賀県にそれぞれ中高一貫校の学校を系列校として設置している。立命館大学では、九四年に京都府宇治市、九五年には北海道江別市、〇六年には滋賀県守山市の中学高校を付属校とした。首都圏では、青山学院大学、立教大学、中央大学も付属校を新設するほか、宗教的なつながりのあった私立学校を系列化に置く、あるいは付属校化するなど、有力私学による早期囲い込みの動きが強まっている。関西圏でも関西学院大学が提携校を増やし、各高校に関西学院大学への進学を前提とするコースを設置するなどしている。

大学への入学を基本的に保証されている一部の付属高校を除けば、系列・付属校からの進学も推薦入試扱いになり、多数の系列校をもつ大学の場合には、内部推薦の可否を決定する選考試験を十一月に実施するケースが多い。系列・付属校からの大学への進学希望者数に大きな変動はないから、学生数を確保するもっとも信頼性の高い募集方法であり、有力私学は今後も増やしていくであろう。

［2］AO入試

ＡＯ入試は大学によって実施方法や募集学生数などが多様で、名称もＡＯ入試のほかに自己推薦入試などとして実施している大学もある。選考作業が複雑になることもあって一般的には募集人数はあまり多くを割いていない。先行した慶應義塾大学湘南キャンパスの二学部が定員の四分一近くを充てているのが目立つが、多くの有力私学では実施する学部が限定され、さらに多くても募集定員は全定員の一割以下のところが多い。**図表1-2**に示されているように、定員一〇〇～一二〇パーセントを確保している大学のＡＯ入試による入学者比率は七・五パーセントにとどまっている。

しかし、充足率七五～一〇〇パーセント未満、五〇～七五パーセント未満ではＡＯ入試による入学者が約二割、五〇パーセント未満では約二五パーセントと、依存率が高くなっている。しかしこれも、他の入試方法での学生確保が不十分な結果、ＡＯ入試での入学者の比率が高くなっているにすぎない。

選抜方法は、高校の活動実績報告や大学入学後の目標などに関する作文の提出が基本となる。書類審査後の面接や集団討論などは大学によっては異なるが、有力私大の多くもなんらかの形で導入しており、八月から十月にかけて、推薦入試前の学生募集手段として利用されている。

［3］推薦入試

有力私大の場合、各大学は過去の一般入試の実績に応じて特定の高校を指定し、校内成績の基準を示したうえで、推薦人数枠を提供する形で募集が行なわれる。形式的に面接が行なわれるが、原則的には高校の推薦を受けた者は合格となる。早稲田・慶應といえども、旧帝大系の国立大学への進学を当然とするトップレベルの高校に枠を提供しても利用する生徒は期待できない。高校は学力レベルによるピラミッド構造となっているから、大学は自らの教育水準に照らして許容できる学力レベルと、確保したい学生数を勘案しながら線引きすることになる。各大学とも前年度の入試結果を踏まえて調整に頭を悩ませることになる。

この入試は高校と大学との信頼関係に基づくものであるから、基本的には推薦を受けて合格となった者は入学することを前提とする専願であり、大学としては確実な学生募集方法となる。しかし、九〇年代前半の熾烈を極めた受験競争が沈静化し、いわゆる難関校にも一般入試で入り易くなると、有力私大も推薦枠を提供する高校のレベルを多少下げることになり、中堅私大は玉突きでレベルを下げざるをえなくなった。そのためもあって、一部の競争力に劣る私立大学の間で、併願可として推薦を受け付けるところが出てきている。この場合、推薦入試で集めた入学候補者の入学手続き率は不確定な状態となるが、これらの大学は一般入試で倍率の出るほどの受験生を集められないので、最終的に定員を超過することはあまり考えられない。

弱小私大の多くは、一般入試に臨む自信のない学力中下位層の大学進学希望者を中心に、推薦入試でなるべく多くを確保しようとする。募集要項に示す五段階評価の平均値「三・八」などの条件も、場合によっては「個別相談」の対象になる。これらの大学の多くは、後で取り上げるように、いわゆる進学校ではない専門高校や定時制高校にも推薦枠を提供する。中上位の大学がレベルを下げて推薦枠を提供するようになり、さらには自校と同じレベルの新設大学が近隣に開設されれば生徒の奪い合いとなる。

序列低位の位置に甘んじざるをえない弱小私大にとっては、推薦入試による学生確保さえもが先細りとなっていかざるをえず、定員割れが深刻化することになる。

［4］一般入試

『大学ランキング　2016年版』によれば、一般入試による入学者比率は、慶應義塾大学では法学部（定員一二〇〇人、以下同）三四・四パーセント、経済学部（一二〇〇人）と商学部（一〇〇〇人）は六一・〇パーセント、早稲田大学では法学部（七四〇人）五六・九パーセント、政治経済学部（九〇〇人）四六・七パーセント、商学部（九〇〇人）五九・〇パーセントなど、学部によっては定員の半数以上が一般入試前に埋まっている。関西の有力私大でも同様である。同志社大学では商学部（八五〇人）の四三・四パーセント、立命館大学の経営学部（七六〇人）の五七・六パーセント、関西学院大学の法学部（六八〇人）が五五・〇パーセントなどとなっている。

そのためもあって、上位大学の一般入試では数倍程度の入試倍率となる。一般入試の定員を絞れば絞るほど入試倍率は上がり、受験情報企業の出す「偏差値」が上昇し、大学の評価を高める結果になる。それが大学のねらいのひとつであるとさえ言われている。受験競争に積極的に臨む受験生たちは「滑り止め」校を含む複数の大学を受験するのが一般的であるから、大部分の受験生は最終的には中位レベルの大学までで落ち着くことになる。しかし、この常識が通用しなかったのが、八〇年代後半から九〇年代前半にかけての、いわゆる受験バブルの時代であったのだが、これについては後述する。

さて十八歳人口の減少が進み、全般に入試難度が下がってくると、弱小私大では二月に行なう一般入試の応募者数自体が減少していく。さらに合格者の入学手続き率も下がっていくので、一般入試での学生確保はいっそう困難となっていく。二月下旬から始まる国公立大学の一般入試結果が出る三月にも入試を設定する私大が増えてきたのは、従来のように二月の入試で定員を充足できなくなったからである。

浪人を絶対に避けたい受験生を対象に三月入試を設定して学生を拾うのである。しかし一般入試のウエイトそのものが小さくなっているうえに、一部の中堅私大も三月入試に加わるなど調整が長引くようになり、弱小私大まではますます受験生が流れてこないようになっている。三月入試を設定している私大の多くが、最終的にも定員は満たせないまま、新学年を迎えざるをえなくなるのである。

定員割れ大学の固定化

以上のような構造のなかで、ＡＯ入試や推薦入試で年内に十分な入学者数を確保できなかった弱小私大は、年明けの一般入試でも劣勢を挽回できず、定員不充足に終わることになる。そこには偶然的な要素は少なく構造的なものであるから、いったん定員割れの位置に落ちれば、そこから抜け出すのは容易ではない。卒業生の就職の顕著な改善あるいは魅力のある資格取得を可能とする学部・学科の改組などの目立つ大きな変化もなければ、募集の改善は困難で、定員割れ大学としての地位が固定化する。

一五年の「入学志願動向」によれば、前年度に定員割れした二六三校のうち定員充足を回復したのは一三・三パーセントの三五校にすぎず、逆に二二校が新たに定員割れとなっている。定員充足率八〇パーセント未満だった一二〇校では、翌年に充足率一〇〇パーセントを回復したのは六校（五パーセント）にとどまっている。同様に一四年の集計では前年に八〇パーセント未満の充足率だった一〇七校のうち一四年に一〇〇パーセントを回復したのは三校にすぎなかった。

これらの数字からは、経営上の採算ラインの目安と言われる入学定員八〇パーセントに満たない充足率にまで陥った大学の大部分は、定員割れ状態からの脱却はほとんど不可能であることがわかる。入試の簡便化など、いわば小手先の努力によって、学生募集の一時的かつ多少の回復を実現したとしても、その効果は限定的である。またオープンキャンパス行事の回数を増やしたり、高校訪問を強化したりする程度では、高校側から逆に「よほど追い詰められているらしい」と受け止められるだろう。それらの大学が最後の手段として頼りがちなのが留学生であるが、これについては後であらためて取り上げる。

定員割れ大学数の推移

振興事業団の報告書によれば、**図表1-3**のとおり、一五年の定員割れ私大は二五〇校に及んでいる。田中大臣が、「もう新しい大学はいらない」と言いたくなったのも無理はない。充足率八〇パーセント未満の大学も一一四校あり、これらはいつ閉校に追い込まれてもおかしくない。

これほど多くの定員割れ大学が出現したのは、この十数年の現象である。平成元（一九八九）年には、定員割れの大学は一四校のみであった。報告書の集計対象大学数は三五九校であったから、比率では三・九パーセントにすぎない。八〇パーセント未満の大学は一校のみであった。ところが九九年には突如、定員割れの校数が一気に八九校に急増する。私立大学数は四五〇校となっていたが、比率でも一九・八パーセントである。さらにその二年後の〇一年には一四九校にまで増加し、比率も三〇パーセントを超えた。充足率八〇パーセント未満の大学も八一校にまで増加した。

図表1-3◆私立大学定員不充足校の推移

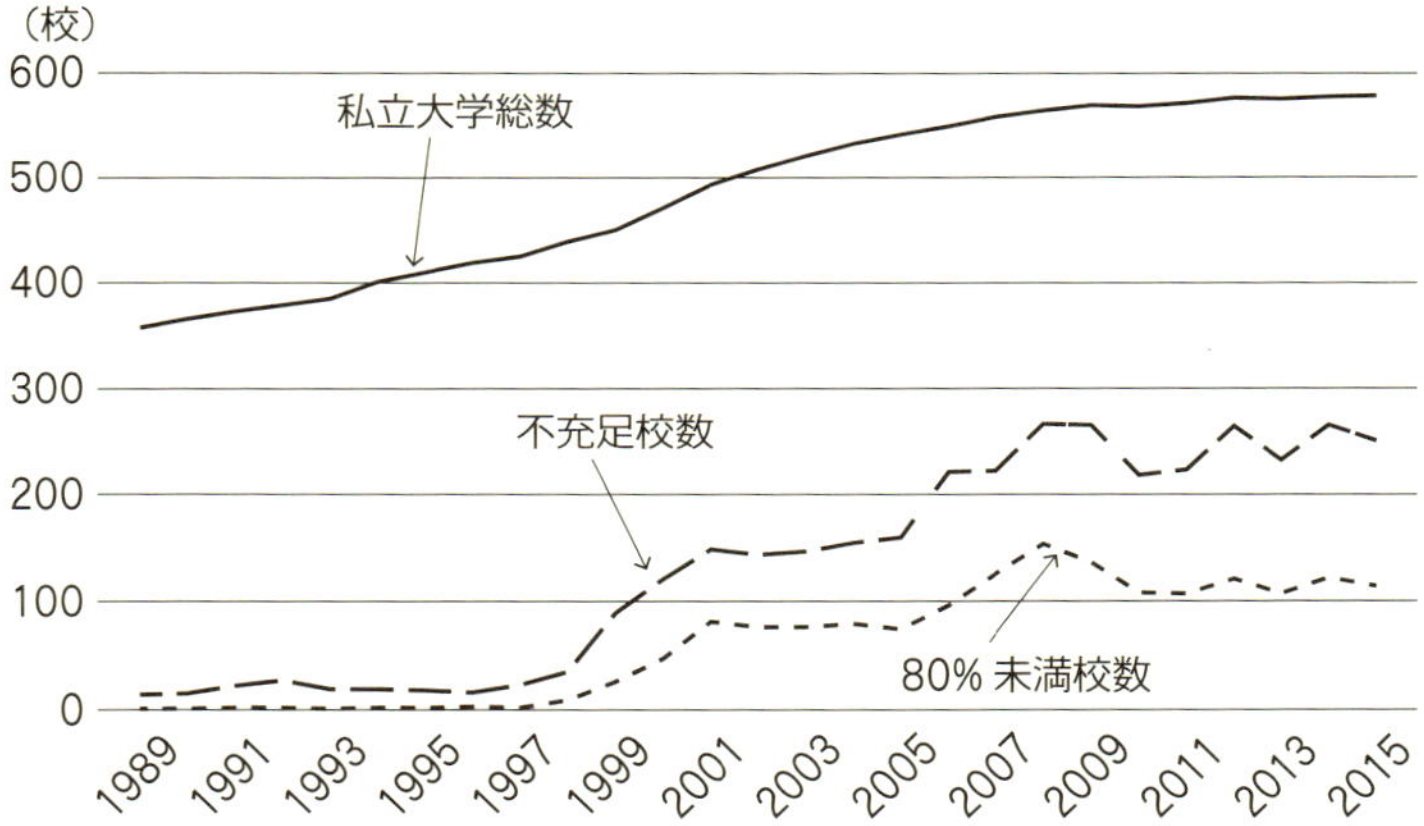

その後の数年は横這い状態となるが、〇六年よりふたたび上昇し、〇八年には二六六校にまで及び、比率では四七・一パーセントと、ほとんど二校に一校は定員割れという事態に至っている。充足率八〇パーセント未満の大学も一五四校という深刻さである。さらにその後、定員割れ大学数は多少の増減を繰り返して高止まりをしている。近い将来、これらの大学のなかから、退場をせざるをえないものが続いていくものと予想されるのである。

『全国大学一覧』によれば、八九年から〇八年までの二〇年間に私立大学数は三五八校から五六五校へと、毎年一〇校あまりのペースで増え続けてきた。定員割れ大学が急増した九九年以降に新設校が急増したという事情はないから、定員割れ大学の大量出現には、大学数の増加以外のなんらかの理由があったはずである。九九年前後の何年間かに何があったのかを明らかにすることが本書の大きなテーマとなる。

定員割れと閉校の危機

ところで、なぜ大幅に定員割れしていながら大学を維持していられるのか。一四年の文科省の方針では、定員充足率が低下すればするほど補助金の減額幅が大きくなる。採算ラインとされる八〇パーセント以下となると、充足率七八~七五パーセントで一二パーセントの減額、六二パーセントを切ると三分一以上がカットされることになっている。いったん大幅な定員割れに追い込まれると、経営環境は大きく悪化して破綻の危機が近づくはずである。〇一年以降、充足率六割未満の大学数は四〇校前後で推移し、それらの大学の多くで募集の改善はみられないはずだから、数十校はいつ閉校しても不思議ではない。しかし現実には、まだ破綻した大学数は数えるほどである。

破綻せずに永らえている理由として考えられるのは、定員以上の学生を確保していた時期の財政的な蓄積があることと、グループ内の中学や高校などの収入を法人内で融通することが可能だからである。とくに公立高校との棲み分けが定着している地方では高校の安定した収入が見込まれるから、大学の規模を拡大しなければ維持していくことは可能であろう。

また中学や高校ばかりではなく、小学校や幼稚園までをもっていれば、大学までの「一貫教育体制」という体裁が整い、理事長らの経営陣たちのプライドが満足させられる。実質的な意味はあまりないのであるが、多くの学校法人で大学をもつことは一種のステータス・シンボルと理解されているから、大学が多少の赤字になっても廃止に踏み切ることはなかなか難しいのである。

しかし、そのぬるま湯的な環境も間もなく消える。大都市圏における中高一貫校ブームは、不況や少子化あるいは公立一貫校の出現により下火になりつつあり、首都圏では一〇年ころに希望者全入状態になったと言われる。顕著な大学進学実績を出している学校を除けば、生徒募集は困難になりつつある。公立高校とも競合せざるをえない大都市圏では、高校以下の安定経営も難しくなりつつあるから、赤字の大学を支え続けることはいよいよ困難になる。すでにグラウンドや本部の建物などの不動産売却によって赤字経営をしのいでいる学校法人も少なくないと言われる。

私立大学には建学の経緯や経営者および運営者に、それぞれの個性があるはずである。どのような傾向の大学が定員割れしているのか、似た環境にありながら堅実な経営がなされている大学があるのであれば、それは何が違うのかが本書を通じてのテーマである。

第2章

どのような大学が定員割れしているか

1 定員割れの定義

二〇一五年の振興事業団の報告書によれば、規模別では入学定員八〇〇人以上のグループでは全体として入学定員を充足しているが、それ以下では一〇〇人刻みで区分されたすべてのグループで定員割れしている。とくに入学定員一〇〇～一九九人の一〇三校ではグループ全体として充足率が八八・五パーセントであり、相当数の大学が定員割れをしていると推測される。ただし小規模でも、近年急増している看護など大部分の医療系大学の学生募集は順調であるから、それ以外の分野の学部・学科構成の小規模大学では大半が定員割れしていると考えられる。また地域別では、東北地方八四・九六パーセント、四国地方八八・六二パーセントと、二つの地域で全体として大きく定員割れとなっている。しかし、この調査では個別大学の定員充足率の情報は掲載されていないので、東北地方や四国地方の文系の小規模大学がもっとも定員割れを起こしやすい状態にある、という程度のことしかわからない。より詳しく見るため、『大学ランキング 2016年版』の情報をもとに、定員割れしている大学を個別に調べた。

『大学ランキング』には、毎年の学部別定員と入学者数が示されている。本書では学部別ではなく、大学全体としての充足率を算出した。また、一部の大学はデータを非提供としているが、それらの大学についてはウェブサイト上に公開されている情報などを参考にして算出している。

そのうえで、本論では充足率九〇パーセント未満を定員割れとする。充足率九〇〜一〇〇パーセント未満の大学のなかには、一般入試の倍率が二倍程度あるケースが散見される。入学辞退率を読み誤った結果、多少の定員割れを起こしているものが多いと考えられる。また充足率九〇パーセントを切っていると、一般入試の倍率もほとんど出ていない大学が多く、構造的に定員割れ状態に陥っていると推定できるからである。

ただし設定されている定員にあまり意味のない、聖職者養成の宗教系および音楽大学などの芸術系の単科大学は除外した。聖職者養成大学の場合は、宗教団体にとっての研究機関としての役割も期待されているので定員は必ずしも確保すべき数字ではない。また芸術系の単科大学では、国際コンクールなどの受賞歴のある優秀な教員を招聘すると、その指導を受けようとする学生が集まってくる。定員割れしていたとしても、教員のそろえ方によって比較的短期間に定員を回復するという特徴があり、他の大学とは同列に扱えないからである。その結果、先述の定義に該当する大学は一四年には全国で一六七校となり、定員割れ大学総数の三分の二程度になる。

2 定員割れ大学の分析視点

次に定員割れしている大学について、その開設時期、設置者、設置地域の各観点から検討してみよう。第一に開設時期である。すでに消滅した大学には歴史の浅いものが多かったが、開設時期によって定員割れの傾向は大きく異なると思われる。戦後、大学進学年齢である十八歳人口は二度にわたって大きな波をつくってきたことはよく知られる。また進学率も順調に上昇してきたのではなく、波があった。進学人口の増加に応えるかたちで設置されたのか、あるいはその他の理由によって開設されたのかによって、大学のその後の展開も変わっているはずである。

第二に設置者である。日本では一部の例外措置を除けば私立学校は学校法人のみに開設が許されている。日本の私立大学の特徴として、設置する学校法人が高校以下の複数の校種を傘下に置いているものが大半であることがある。大学を開設した段階で高校を経営していたのか、短期大学を経営していたのか、あるいは専門学校が経営の核となっていたのかなどによって、大学の性格も大きく異なるはずである。たとえば近年増えている看護師養成系の新設大学の場合、その母体は三年制の看護短大であったり、三年制の看護専門学校であったりしたものが多い。四年制大学に変わっても、施設・設備や教員にも大きな変化はなく、学校としての性格が大きく変わるわけではない。募集対象とする進学希望者層も変わらないことが想定される。

しかし高校や短大を母体とする場合、明確な目的もないまま、学校法人として大学をもちたいという世俗的な動機で開設されたケースも少なくないと思われる。学部・学科構成についても確たる考えや準備もなく開設したとしか思えないケースも少なくない。実際に、開設後も頻繁に学部・学科名を変更したり、大学名さえも複数回変更したりしているものもあり、それらの大学のなかには学生募集に大きな課題を抱えているものが多いのである。

第三に設置地域である。「入学志願動向」によれば、少子化の進むなか、四国や東北地方の若年人口の減少が大学の学生募集を厳しいものにしている傾向が示されている。しかし地方の場合は地理的条件や教育分野から、大学間でそれなりの棲み分けが行なわれ、深刻な定員割れに陥っている大学は少ないかもしれない。逆に学生募集競争の激しい大都市圏では、有力私大と弱小私大との間の競争力の格差が激しく、深刻な定員割れとなっている大学が増えている可能性がある。

時期区分

時期区分としては、以下の六つに区分する。第一期は、学制改革の四八、四九年の二年間である。一気に多くの新制大学が成立した。第二期は、「整備期」として五〇年から六三年までの一四年間である。大学に転換する手続きが学制改革に間に合わなかった旧制の各種類の学校が相次いで大学となった時期である。この時期には平均で毎年五・四校が開設されている。第三期は、「急増期」として、六四年から六八年までの五年間である。第一次ベビーブーム世代の大学進学に合わせて大学が急増した時期であり、毎年平均して二〇・六校が開設されている。第四期は、「抑制期」として、六九年から八五年までの一七年間である。第一次ベビーブームも去り、大学経営に乗り出す学校法人も少なく、また高度経済成長の終焉に合わせて七四年には政府・文部省も新増設抑制の方向性を打ち出している。この期間の新設は毎年三・八校にとどまっている。第五期は「臨定期」として、八六年から二〇〇五年までの二〇年間である。第二次ベビーブーム世代の進学に応じて文部省が各大学に臨時定員(以下、臨定)の設定を認めるとともに、後半では規制緩和の流れのなかで大学の設置審査も簡易化され、大学は開設しやすくなった。この期間の大学新設は、年平均一〇・六校であった。第六期は、「再抑制期」として、〇六年以降一五年までの一〇年間である。この期間の開設校は平均で毎年五・八校である。

上記の時期区分に沿って定員割れ大学を集計した結果は**図表2-1**のとおりである。

より詳しくみるため、定員割れ大学数を開設年度別に棒グラフで示した(**図表2-2**)。折れ線は、『全国大学一覧』のデータをもとに、各年度に開設された私立大学数を示している。開設後に公立に移管したものは含まれているが、通信教育課程のみの大学と大学院大学は集計から除い

図表 2-1◆時期区分別定員割れ状況

	開設校数	定員割れ校数	比率（%）
学制改革期（1948，49 年）	92	3	3.3
整備期（1950 ～ 63 年）	76	11	14.5
急増期（1964 ～ 68 年）	103	31	30.1
抑制期（1969 ～ 85 年）	64	20	31.3
臨定期（1986 ～ 2005 年）	204	92	45.1
再抑制期（2006 年～）	58	10	17.2

図表 2-2◆開設年度別定員割れ私大数（棒グラフ）と新設私大数（折れ線）

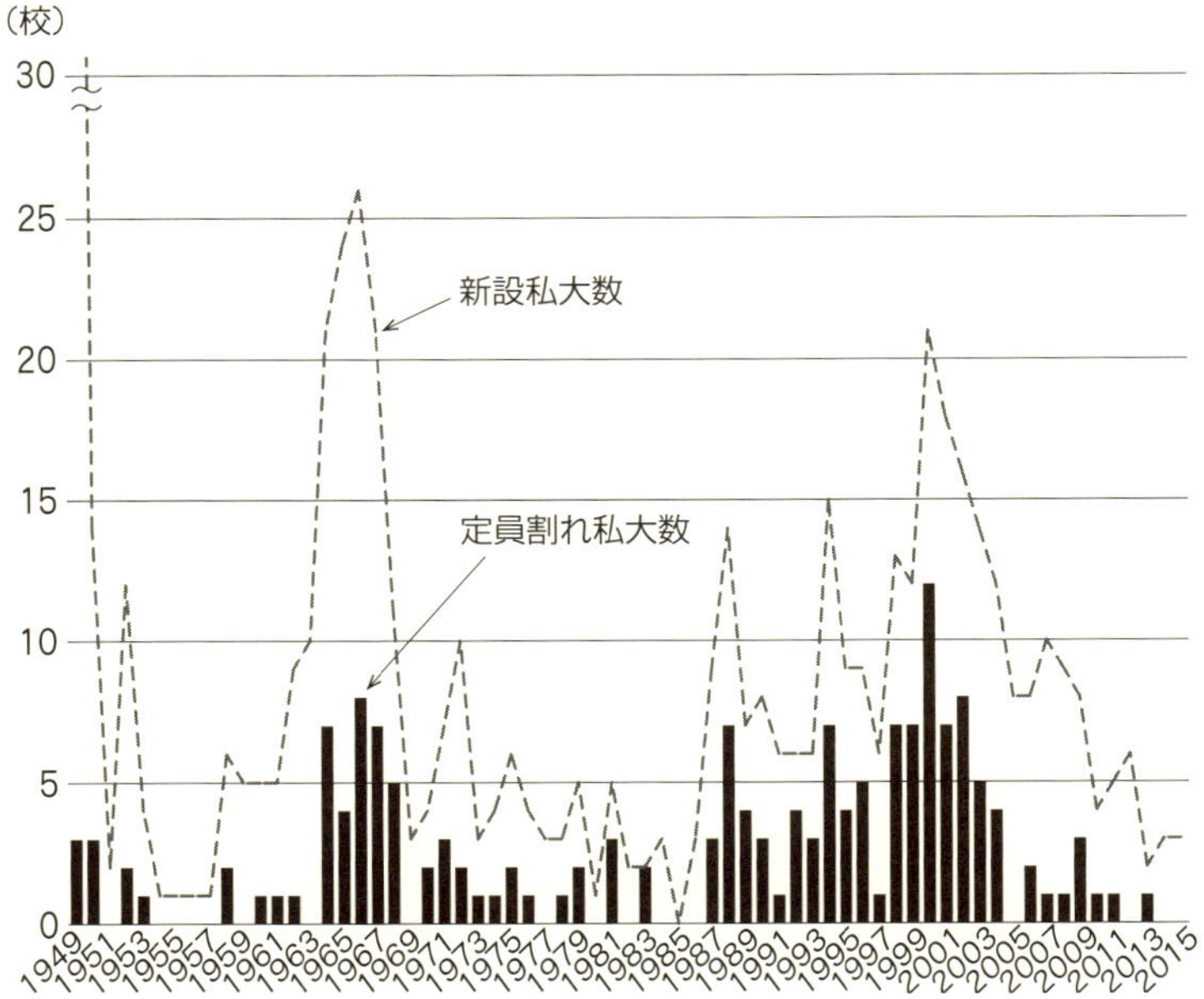

た。この表からは、たとえば九六年開校の九校中五校が定員割れしている、と年度単位で開校数と定員割れ大学数とがわかる。

以下、先の集計をもとに、各時期の大学設置者の特徴、また定員割れを起こしている大学の設置者（母体）の傾向および地域的な特徴について検討を進めていく。

［1］学制改革時

設置母体◆大正時代、原敬内閣の大学令によって慶應義塾・早稲田・明治・法政・中央・日本・國學院・同志社の八校が大学に昇格したのを皮切りに、多くの旧制専門学校が大学に昇格した。これらの旧制大学の大部分は戦後の学制改革により新制大学に切り替わった。さらに戦前から実質的な高等教育機関でありながら最後まで大学と認められなかった日本女子大学校、津田塾専門学校、神戸女学院などの女子の専門学校をはじめとする旧制専門学校を中心として多くの新制大学が出現し、二年間で私立大学は九二校に達した。

定員割れ◆これらの大学は卒業生も多く、知名度も一般に高いことから、定員割れしている大学は大阪樟蔭女子大学、広島女学院大学、種智院大学の三校にとどまっている。ただし種智院大学は、定員の半数が仏教学科であり聖職者養成の性格もあるので他の大学と同列には論じられず、実質的には二つの女子大学のみと言える。

広島女学院大学は、明治時代にミッション学校として発足し、戦後の学制改革時には英文学部のみの単科大学としてスタートしている。生活科学部と文学部の二学部体制になったのが九三年、現在の人間生活学部、国際教養学部への学部・学科改組が行なわれたのが一二年であった。改革の動きが遅かったことが高校生から敬遠される理由であろう。広島県内では後発の安田女子大学とよく比較されるが、安田女子大学は女子の間で人気のある薬学・看護の学部も含めた七学部構成となっていて、学生募集では優位に立っている。

大阪樟蔭女子大学は大正時代に開設された高等女学校を前身としている。学制改革期に学芸学部のみの単科大学として発足し、国文学のほか幼児教育などに重点を置いてきた。学部・学科の改組は二〇〇一年の人間科学部の開設に始まり、〇九年にそれを児童学部と心理学部に発展的に改組している(心理学部はその後廃止)。広島女学院大学と同じように改革の動きが遅く、国文学と家政系という内容の女子教育が、大都市圏にある女子大学として周囲から取り残される原因となったであろう。

[2] 整備期

設置母体◆新制度発足時の手続きに遅れた旧制諸学校が新制大学に移行した時期である。約六割が旧制大学あるいは旧制専門学校からの移行である。設置母体としては短期大学が約半数であるが、後述するように、この段階の短大は新制移行期に大学に昇格するだけの条件を欠いた旧制専門学校のために暫定的に設けられた学校種であり、この時期の短大の半数は旧制専門学校であった。

残りの約四割が戦後の新制学校を母体としている。四九年に私立学校法が成立し、戦前から各種の私立学校を経営していた財団法人は新たな法人格を取得し、既存の学校を新制の諸学校に切り替えたり、新しい学校種を開設したりした。これらの学校法人の開設した短大から四年制大学に転換したものが約四分一を占めた。

この時期の大学には、戦中の医師不足に対応するために開設された医学専門学校が旧制大学となり、さらに学制改革時から多少遅れて新制大学に移行したものがある。東邦医科大学などの医科大学、日本歯科大学などの歯科大学も含まれる。また旧制専門学校から直接に新制大学へ移行したものもあり、新制度の定着過程である（図表2-3）。

定員割れ◆この時期の大学も戦前から多くの卒業生を輩出し、ある程度の知名度があることから、定員割れ率は一四・五パーセントにとどまっている。定員割れしているのは、法科や商科あるいは女子教育の小規模な旧制専門学校を母体とするものと歯学の単科大学に限られる。

五八年に家政学部のみの単科大学として開設され、共学化後も家政学部のみの東北生活文化大学（開設時には三島学園女子大学）、五三年の開設後〇一年に学部新設をするまで長らく商学部のみの単科大学であった名古屋商科大学、五八年に音楽学部のみの単科大学として発足し、現在三学部体制となっている大阪市の相愛大学（開設時は相愛女子大学）などが典型である。

図表2-3◆整備期の大学設置母体

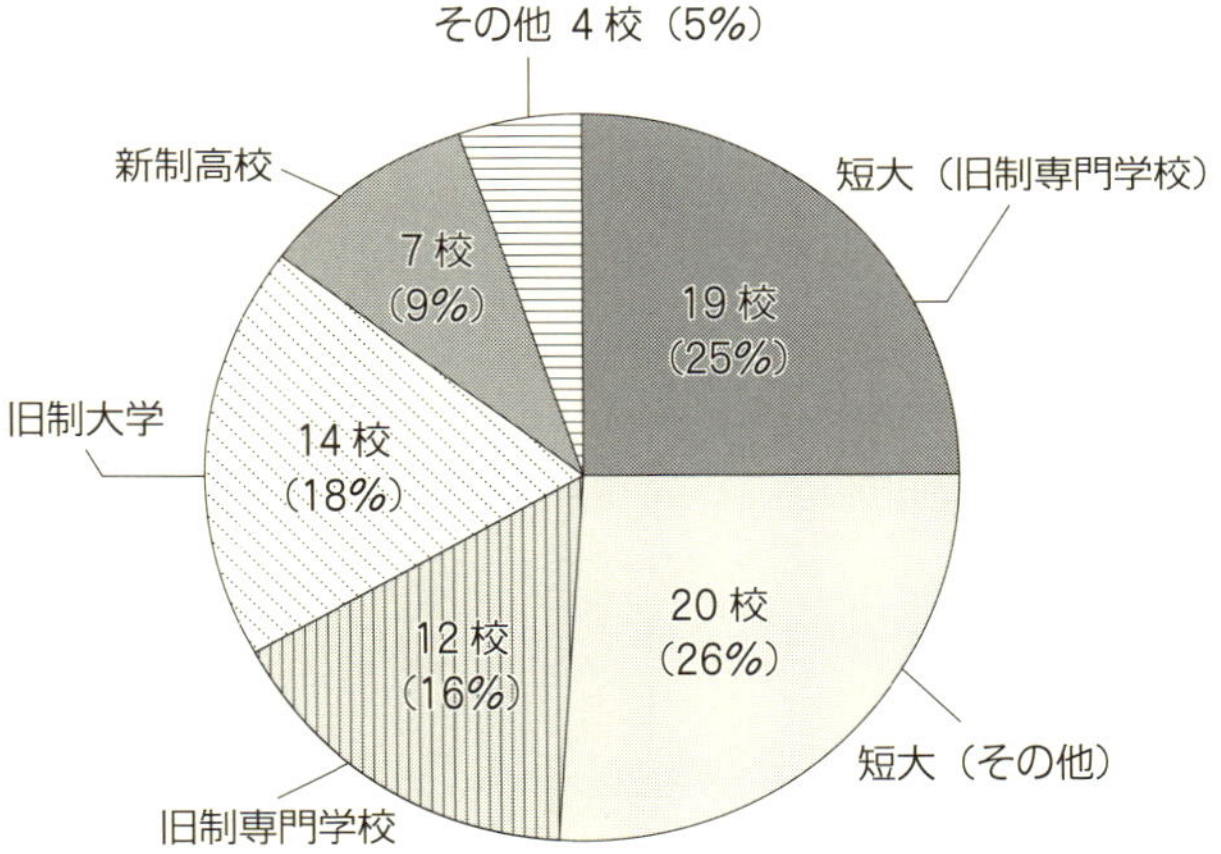

歯学部では日本歯科大学と大阪歯科大学が該当する。六〇年代に虫歯が社会問題化したため、八〇年代前半にかけて、政府・文部省が推進し、多数の歯科大学が開設されるとともに既存の大学の定員拡大も行なわれた。しかしその後、歯の衛生習慣の広がりなどにより歯科受診率は低下し、歯科医師の過剰問題が生じた。私立歯科大学は全国的に学生募集に困難を抱えるようになっている。歯学部を六年間で卒業しても国家試験に合格しなければ医師資格は取れないので、大学によっては半ば強制的に留年させて国家試験の合格率の低下を防がざるをえないという事態さえも生じている。これは近年、急増している看護師養成学部・学科の今後を考えるうえで参考にすべき点であり、後に触れることになる。

［3］急増期

設置母体◆第一次ベビーブーム世代が大学進学年齢に達した時期であり、毎年のように二〇校以上の大学が新規に開設された。この時期の大学の設置母体は**図表2-4**のとおりである。六三校、六割あまりが短大を母体とするものであった。ただし内訳をみると、旧制専門学校を前身とするものは九校と、前の整備期に比べて少なくなり、五四校は実業学校や高等女学校などの旧制中等教育学校を経営していた学校法人が開設した短大であった。次いで新制高校以下の学校種が一九校、大学開設のために新たに設立された学校法人による一二校、その他九校である。

母体となった短大には、フェリス女学院や大谷女子短大のように明治期より女子の高等教育を担ってきた文学系や家政系の女子学校もあり、また栄養教育の普及にあたっていた女子栄養学園を前身とする女子栄養短大の実学系もあった。また日本で最初の看護学の私立女子高等教育機関となっていた聖路加短大が四年制大学になったのもこの時期である。大阪鉄道学校を前身として開設された大阪交通短大（現・大阪産業大学）や北海道の自動車運転技能教授所を前身として開設された工業系の北海道自動車短大も、この時期に四年制の北海道工業大学（現・北海道科学大学）に転換している。

戦後に開設された短大を母体とするものが半数を占め、それぞれの短大の背景も多様であるが、戦前に高等女学校を経営し、学制改革後、女子高校・中学校からさらに女子短大を開設し、

図表2-4◆急増期の大学設置母体

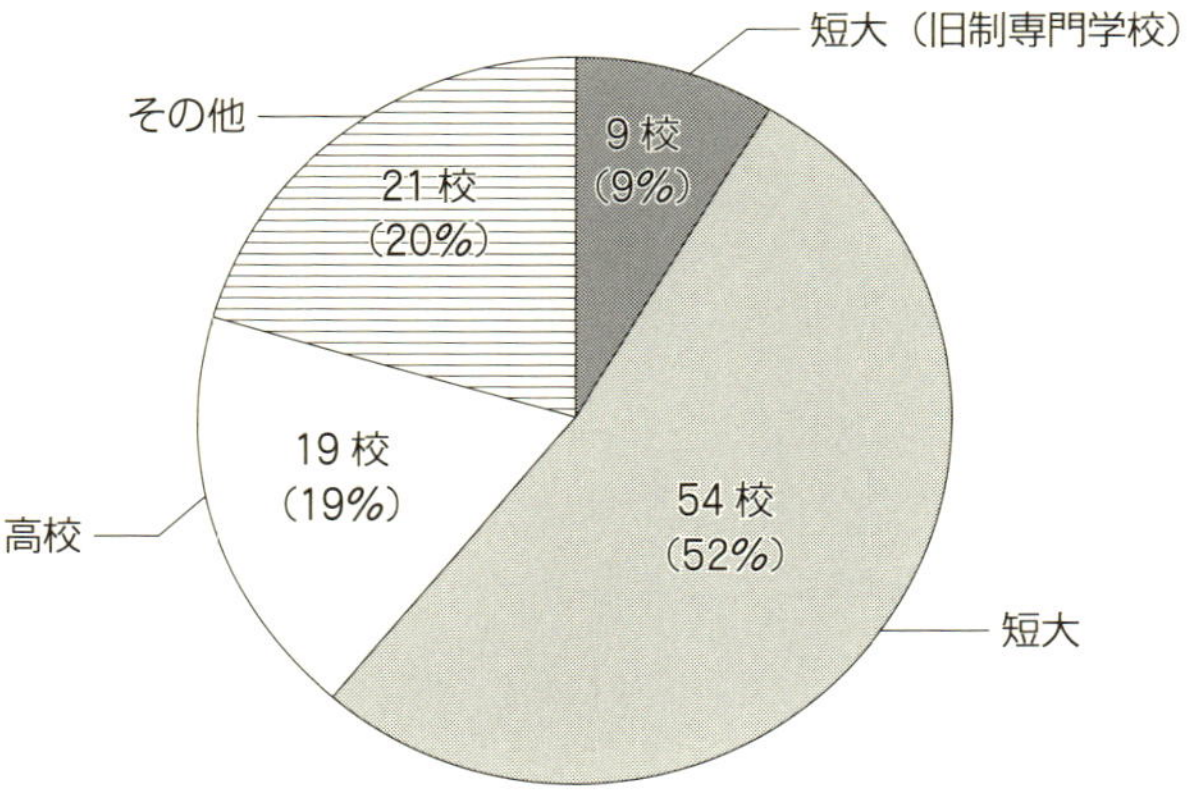

さらに六六年に大学を開設した大阪の帝塚山学院大学（〇三年に共学化）はひとつの典型である。中京圏では名古屋女子大学が似た経過をたどって六四年に開学している。首都圏では六五年に開設された武蔵野女子大学（現・武蔵野大学）がやはり同様の経過をたどっている。

直接、大学を設置したケースでは、京大名誉教授で物理学者の荒木俊馬が創設した京都産業大学、東京商科大学（現・一橋大学）出身で商学者の金子泰藏が創設した国際商科大学（現・東京国際大学）、あるいは大手流通企業の出資を受けて開設された流通経済大学などがある。高度経済成長に応じた人材養成をめざし、それぞれの分野の有力者や関係組織が大学を開設したかたちである。

高校を母体とするものでは、工業高校の卒業生を受け入れる大学として開設された日本工業大学、戦前に陸軍幼年学校への進学準備校として設立された旧制の小・中学校をもとに新制高校を経営していた追手門学院が開設した追手門学院大学、明治時代よりドイツ語教育の中心的役割を果たしてきた獨逸学協会学校の獨協大学などがある。

定員割れ◆この時期に開設された大学のうち、すでに閉学、統合されたものと定員割れを合わせると三一校となるが、金沢工業大学、東京工芸大学、東京造形大学の、専門学校（高等専門学校を含む）を母体とするグループを除けば、いずれのグループからも定員割れ大学が出ている。とくに短大を母体とするグループでは、統合、廃止を含んで二六校と、他のグループよりも定員割れが目立つ。名古屋女子大学や共学化した帝塚山学院大学とも定員割れに苦しんでいる。また六五年開設の商学部のみの函館大学、同年開設の経済学部のみの富士大学、六六年開学で家政学部のみの郡山女子大学など、単科の小規模大学の定員割れも目立つ。

この時期の定員割れ大学の特徴のひとつとして名称変更がある。一五校が名称を変更している。一校は二回変更している。徳島女子大学が七二年に徳島文理大学に変更したように、共学化に伴って「女子」を外したもの、札幌商科大学が札幌学院大学に変更したように、単科大学から複数学部構成になる際に変更したものなどである。変わったところでは、長崎造船大学が長崎総合科学大学になった例がある。

いずれも開設後の改革の動きが乏しかったり、改革の方向性が不適当であったりしたために、応募者を減少させて定員割れに追い込まれていると考えられる。所在地については、北海道四校、宮城県を除く東北地方四校、東京を含む関東圏四校、中京圏三校、関西圏六校、中国地方四校、四国地方二校、九州圏四校と、大都市、地方都市に関係なく分布している。

［4］抑制期

設置母体◆ベビーブーム人口も去り、文部省も大学新設の抑制方針を出した時期である。開設された大学の設置母体の特徴として、いくつかの医科大学、歯科大学に見られるように、大学開設のために設置された学校法人によるものが多く、半数以上が該当する。自治医科大学、金沢医科大学、兵庫医科大学、松本歯科大学がいっせいに開学したのは七二年であった。また豊田工業大学、大阪経済法科大学のように、急増期に続いて経済成長に応ずる産業界向けの人材育成を掲げたものも多かった。新制短大を母体とするものとしては、七一年の弘前学院大学（九九年に共学化）、七六年の関東学園大学、七五年の愛知淑徳大学（九五年に共学化）などが、急増期に開設された女子大と同様の背景をもって開設されている（図表2-5）。

定員割れ◆定員割れが目立つのはやはり短大を母体とするもので、一九校中八校が定員割れしている。弘前学院大学、関東学園大学のほか、六三年開設の短大を母体に東海女子大学として八一年に開設された現・東海学院大学とも、女子教育からスタートして短大をステップとして開設された大学は定員割れに陥っている。この時期に開設された歯科単科大学の松本歯科大学と福岡歯科大学も定員割れ状態である。

［5］臨時定員期

設置母体◆九一年にピークが来る第二次ベビーブーム人口に備えて、文部省が各大学に臨時定員の設定を認めた時期である。この時期に開設された二〇四校の設置母体では、短大を母体とするものが一六〇校（七八パーセント）と、圧倒的多数である（図表2-6）。また当然のことながら、短大自体の開設時期も急増期以前と異なり、母体となった短大自体が六〇年代以降に開設された歴史の浅いものが多く、一二六校にのぼる。これら六〇年代以降の短大の性格については後にあらためて取り上げるが、中学・高校をもつ学校法人が生徒たちの高学歴志向に応じて開設したものが多かった。

短大以外の学校種が母体となったものはごく限られている。高校を母体とするものとしては、埼玉県で複数の高校を経営していた学校法人が開設した平成国際大学など三校にすぎない。急増期にはなかったのが大学によるものであり、帝京、赤十字、立命館などの学校法人が本部以外の地域に開設した一六校である。「その他」で目立つのは、鳥取環境大学や静岡文化芸術大学など、公設民営方式あるいは公私協力により地方自治体から土地や資金の支援を得て開設されたものであり八校にのぼる。

また規模では、定員が一〇〇〇人を超えるのは、関東地方では、八六年開設の白鵬大学、九一

図表 2-5◆抑制期の大学設置母体

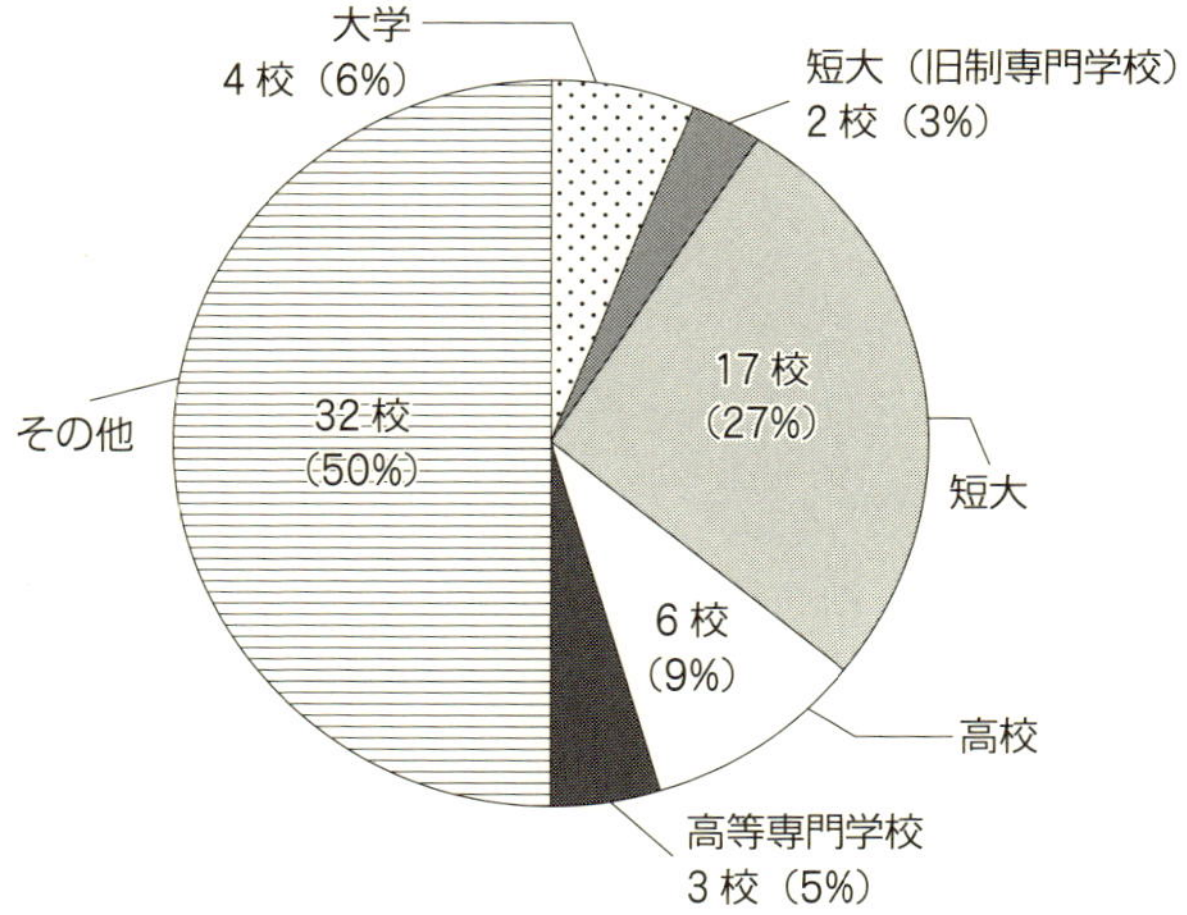

図表 2-6◆臨定期の大学設置母体

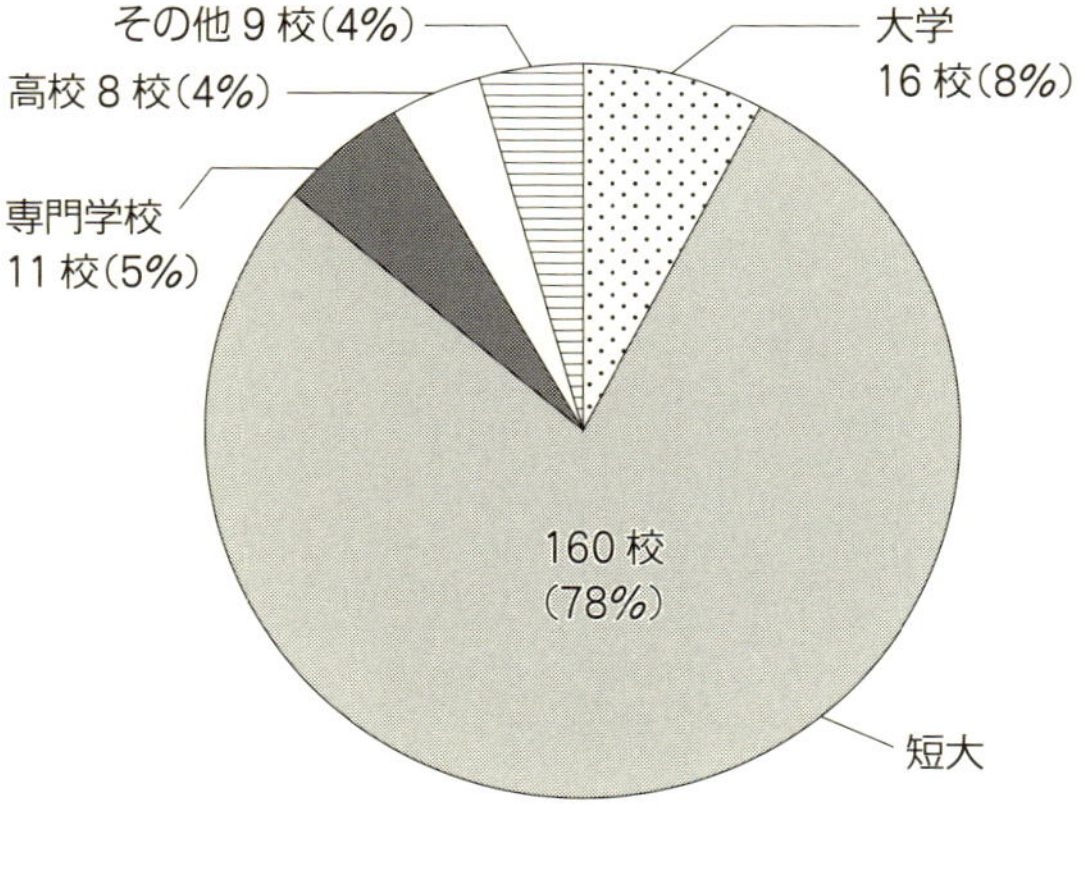

年に文京女子大学として開設した現・文京学院大学、城西大学の姉妹校として九二年開設の城西国際大学、西日本では、摂南大学の姉妹校として九八年開学の広島国際大学など、全国でも一二校である。

急増期の新設大学の入学定員の平均（一四年度）が約八二五人であるのに対し、この期間の平均は約三九一人と相当に小さい。一〇〇人以下も一八校あるなど、小規模大学が目立つのが特徴である。

定員割れ◆この時期の開設校のうち九九校が、定員割れあるいはすでに閉校、募集停止となっているが、その大部分が短大を母体としているものであり、この事情については後述する。なお定員割れ大学の定員の平均は二九一人とさらに小規模であり、前身も小規模な短大などであったことをうかがわせる。北海道と東北地方が各五校、関東圏二六校、中部圏一三校、中京圏一四校、関西圏一五校、中国・四国地方一一校、九州・沖縄が一〇校と、全国に広がっているが、愛知県の一二校、大阪府の七校、埼玉県と千葉県を合わせた一三校など、大都市圏とその周辺部が目立っている。六〇年代に大都市圏に多くの短大が開設されたことが背景にあるものと考えられる。

［6］再抑制期

設置母体◆〇六年以降、文科省が大学新設の規制緩和の見直しなど、抑制策を打ち出したわけではないが、新設校数は〇七年の一〇校をピークとして減少に向かう。一五年までの一〇年平均開設数は五・八校となり、抑制期に近い数字となっている。

この時期の開設校の特徴は、看護医療系が圧倒的に多いことと小規模なことである。五八校のうち看護学部（学科）をもつものが二八校、その他の医療系が一三校と、全体の七〇・七パーセントが医療系の短大や専門学校からの改組および新規開設であった。学生たちの実習先の確保のために、これらの大学は周辺の病院を経営する医療法人との密接な関係が前提となる。看護の単科大学では定員を一〇〇人前後とするものが多く、全体として非常に小規模であり、この時期に開設された大学の入学定員は平均で一五二人にすぎない。

定員割れ◆この時期に開設された大学の定員割れには、看護学部（学科）をもつ大学三校、その他医療系の三校が含まれる。看護学部（学科）自体の定員割れはないので、それらの大学では複数学部を持ち、その他の学部（学科）で定員割れを起こしているのである。その他四校は岡崎女子大学など、文系の短大の改組転換によって生まれた大学である。

3 定員割れ大学の現状

設置母体別

戦後学制改革とそれに続く時期に開設された大学の定員割れの率は低い。その後、第一次ベビーブーム人口の大学進学期にあたる六〇年代の大学急増期以降、新設された大学の三割程度が定員割れしている。さらに第二次ベビーブーム人口の進学期にあたる八〇年代後半以降の大学急増期の二〇年間の時期に開設されたものでは、四十数パーセントが定員割れとなっているほか、すでに閉校となっているものも目立つ。一四年度の定員割れ大学を設置母体別に集約すると**図表2-7**のようになる。

四分の三と、もっとも多くを占めるのが短大である。短大が大学開設に動いたのは六〇年代の急増期と臨定期の二つの時期であった。新規開設大学のうち、急増期は半数以上、臨定期には八割近くが、新制短大によるものであった。これらの短大を母体とした大学に定員割れが多数生じている。その他、大学や専門学校あるいは高校が母体となって開設された大学からは、それぞれ

図表2-7◆定員割れ大学の設置母体

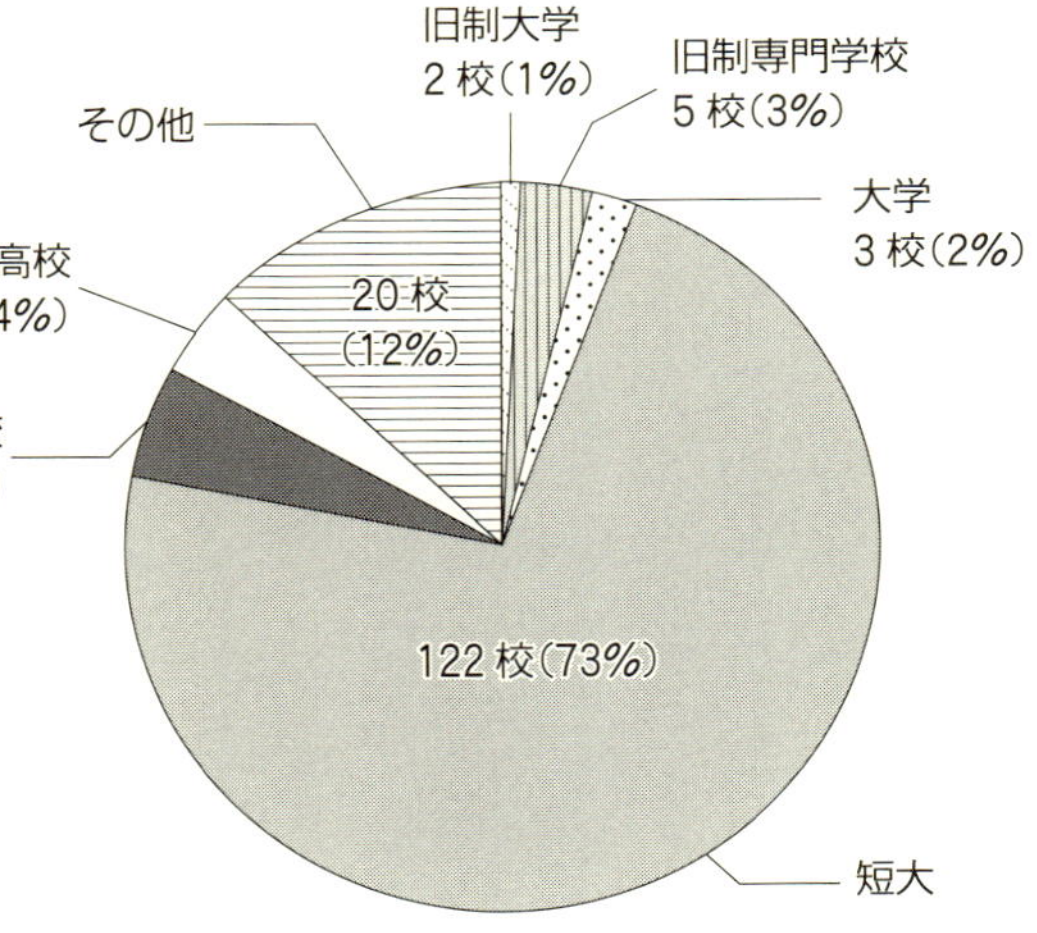

数校ずつ定員割れを生じている。

「その他」は多様であるが、多少目立つのは地方公共団体や地域の経済団体などの協力によって開設された大学である。開設時の計画性が不十分であったり、経営責任の所在が明確でなかったりする例が見受けられる。県や市がかかわって開設する場合、安易な見通しで事業計画が進められる傾向がある。現在、経営に行き詰まっている私立大学を地方自治体が引き受ける動きがあるが、抑制期に公私協力によって開設され、不調に陥っている大学の先例をよく研究すべきである。

定員割れ大学の分布

私大数が二〇校を超える都道府県を取り上げると以下のとおりになる（図表2-8）。徳

図表2-8◆定員割れ大学の地理的分布

	定員割れ校数	大学総数（芸術・宗教系を除く）	比率（%）
北海道	11	25	44.0
埼玉	5	24	20.8
千葉	9	26	34.6
東京	10	107	9.4
神奈川	1	20	5.0
愛知	17	41	41.5
京都	7	26	26.9
兵庫	8	31	25.8
大阪	13	49	26.5
福岡	5	25	20.0

島県、香川県あるいは長崎県など、定員割れ校の比率がもっと深刻な県もあるが、校数が少ない分、所在地周辺からの見込める進学者数の変動は大きくなく、突然の破綻の可能性は低いだろう。しかし北海道を除く九都府県は、全国でももっとも多くの大学が集中する地域でもあり、学生確保の競争が激しい地域である。突然の破綻があるとすれば、この地域から出る可能性が高い。

北海道を除いてもっとも定員割れ比率の高い愛知県は、私学間の学生募集競争のもっとも厳しいことが受験業界ではよく知られている。首都圏では東京都と神奈川県は比較的好調であるのに対して、千葉県と埼玉県の大学が厳しい環境に置かれている。関西圏は交通の便がよく通学圏として一体化しているためか、二府一県の定員割れ校の比率はほとんど同じである。福岡県は周辺県からの学生を集められるためか、大都市圏としては学生募集に苦戦している大学は比較的少ない。

ところで多くの大学が開設された臨定期の初めの七年間は、大量の受験生が押し寄せ、進学情報企業や私大関係者の間では「ゴールデンセブン」と呼ばれる時期である。多数の大学が開設されたのも自然であった。しかし六〇年代の急増期は期間が短く、大学新設もブーム的に終わったのに対し、臨定期の大学新設は七年間では終わらず、長期にわたって継続した。またこの時期に開校した大学の多くが、開設後の早い段階から定員割れを起こしている。それら理由を探るため次章では、この時期の私立大学の動きと短大を母体とする大学が続出した経緯について検討する。

第3章

混乱の「ゴールデンセブン」とその後

1 臨時収入

「ゴールデンセブン」は、正確には一九八六年から九二年までの期間を指す。とくに私立大学にとっては、空前絶後の受験ブームにわき、莫大な臨時収入をもたらした、まさに「お金」が転がり込む七年間であった。過熱する受験競争によって受験生の受験校数は平均一〇回を超えていたと言われる。文科省のデータによれば、九〇年の私立大学の受験料は平均二万八一六〇円、入学金二六万六六〇三円であった。授業料は年間六一万五四八六円であった。一万人あまりの受験生を集めた大学は受験料収入だけでも三億円程度の収入を得られたことになる。

入学手続き時には、入学金のほかに前期の授業料の支払いが求められたから、滑り止めの予定でも、保護者たちは六〇万円近くを支払わざるをえなかったのである。入学定員一〇〇〇人程度の中規模大学でも本来の入学者の学納金のほかに、毎年一〇億円前後の収入が期待できたはずである。このような条件が七年間続き、さらにその後の何年かも余波が残った。この規模の大学ではこの期間に、入学者から得られる本来の学納金のほかに、合計一〇〇億円程度の臨時的収入が得られたと考えられる。ちなみに入学辞退者の学納金返還訴訟に対して、最高裁が授業料部分の返還を命じる判決を出したのは二〇〇六年である。

さらに、八〇年代後半から始まることが予想されていた受験ブームに備え、文部省は受験競争の過熱化を避けるため、各大学に臨時定員を設けることを認めた。臨時定員は〇五年まで継続されたので、各大学とも長期にわたって学納金収入の大幅な増加も期待できたのである。

なお、〇八年に起きたリーマンショックの際、多くの私立大学が金融取引で巨額の損失を被った。南山大学は二二九億円、慶應義塾大学は二二五億円、駒澤大学が一五四億円などの例が報じられている。中小規模の大学も多少とも同様の理由による損失を出しているはずである。定員割れの続く学部・学科を抱える大学が少なくないにもかかわらず、大学の経営危機があまり表面化していないのは、この時期の蓄えが大きいからだとする見方もある。

2 臨時定員の設定

八六年には第二次ベビーブーム世代が十八歳に達し始め、九二年にピークを迎えるため、大学の受験競争が厳しくなることが確実視されていた。文部省では八四年に「昭和六十一年度以降の高等教育の計画的整備について」をまとめ、国公私立の大学・短大に臨時定員を用意し、想定される受験ブームに備えた。当初は大学・短大合わせて定員増を四万四〇〇〇人とし、ピークが去った後にはすべての増加分をゼロに戻す計画であった。しかし臨定は最終的に一一万人あまりに達し、臨定廃止後もその五〇パーセント以内を恒常定員化することが認められた。臨定は施設・設備さえ間に合えば、大規模な追加投資をしなくても学生を増やせたので、私立大学にとっては、実に魅力的な条件だった。ただ新たに教員を採用して教育環境の悪化を避ける努力をし、臨定をゼロにされると経営が厳しくなる、と主張する大学もあって一部の恒常定員化が認められたのである（図表3-1）。

臨定を設けたにもかかわらず、実際の大学受験は混乱を極めた。進学率が臨定算出の前提となった予想の数字を大きく超え、八九年、九〇年春の大学入試では、それぞれ四〇万人を超える不合格者が出た。ピークの九二年を控えた九〇年春、文部省は私立大学と私立短大の臨時的な定員増についての制限を大幅に緩め、入学定員を正規の定員（恒常的定員）の二倍にまで広げることを認めることにした。

各大学からの申請がまとまった九一年秋の時点では、私立の新増設や国立の臨時定員増計画を合算すると、総定員枠は前年に比べて五万七〇五人増え、六四万八〇〇〇人に拡大する見込みであるとされた。さらに、実際の私大の入学者は二割程度の水増しが常態となっていたから、全体で七八万人程度の収容人数になる計算だった。しかし、九一年の高校生と浪人を合わせた志願者

図表3-1◆私立大学定員と入学者数

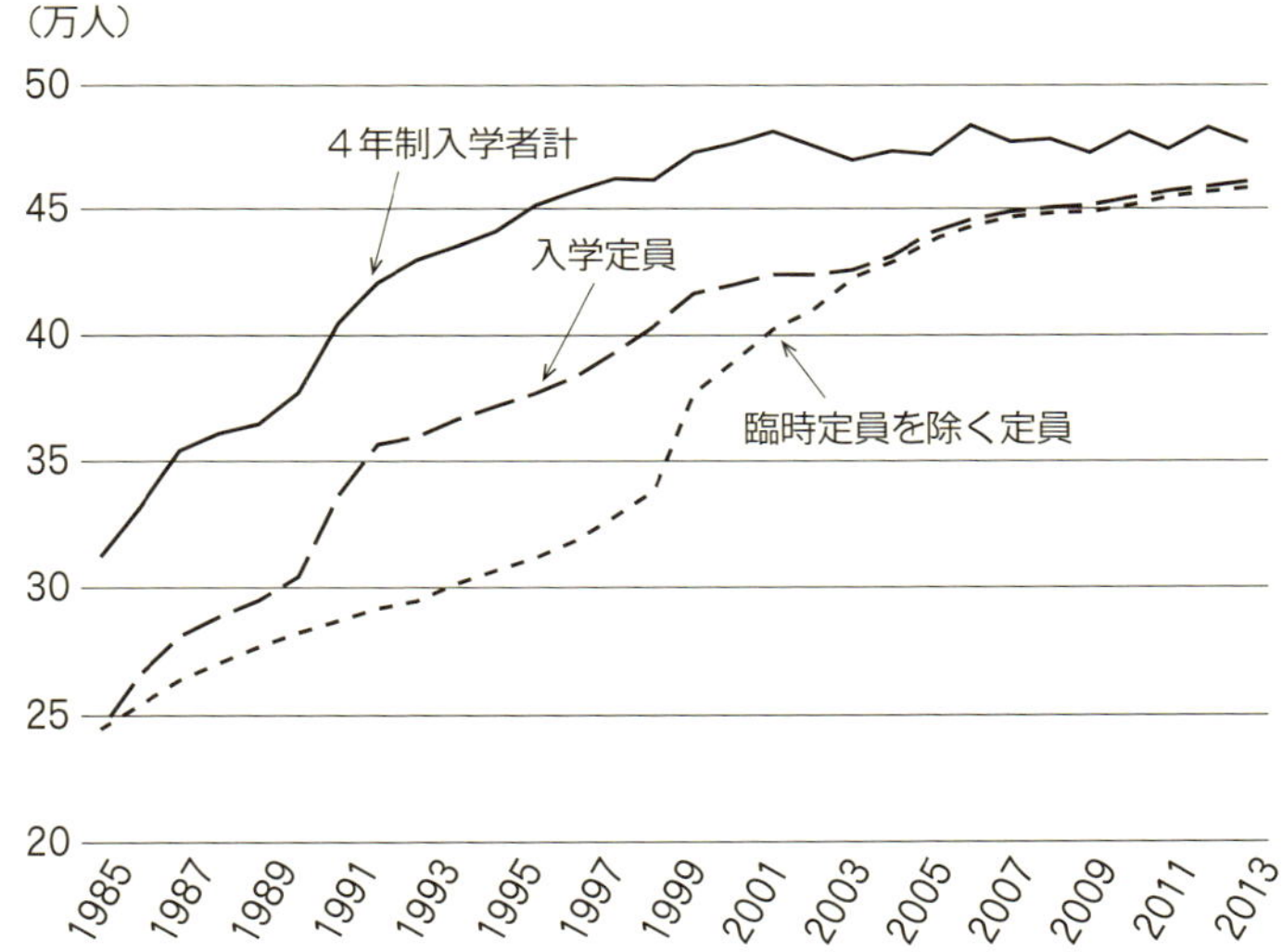

は、前年の約一一六万人を上回る一二〇万人前後とみられ、やはり四〇万人前後の不合格者が出るのは避けられない状況であった。

九一年春の入試では予想どおり、大学志願者はちょうど一二〇万人となり、とくに首都圏、近畿圏および中京圏の大学は軒並み高い受験倍率となり大量の不合格者が出た。定員割れに悩まされていた地方の中小大学や短大にも受験生は流れてきて、厳しい経営状態に置かれていた大学・短大もひと息つけたのである。文部省は九二年にもさらに二万八〇〇〇人の定員を追加した。それでも八九年から九三年の五年間にわたって毎年約四〇万人の不合格者が出る事態となり、この余

図表3-2◆全国大学（短大含む）志願者数と入学者数

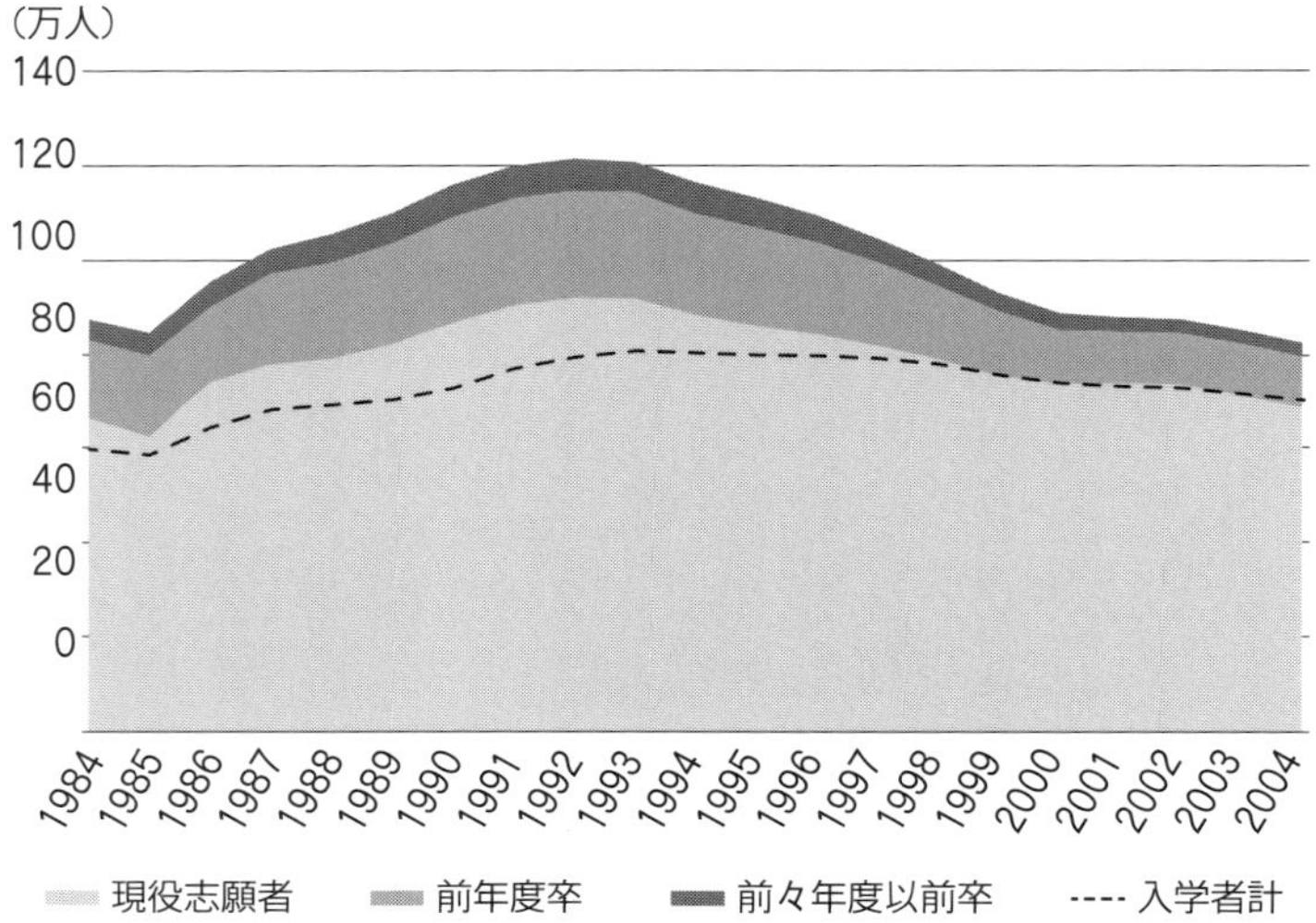

波が収まるまでには、さらに一〇年近くの期間が必要だった（図表3-2）。文部省は見込み違いの事態に慌て、世論の批判を浴びながら、対策は後手後手に回ったのである。しかし、この混乱の原因は、必ずしも全面的に文部省の責に帰されるべきものでもない。大学進学率を予想以上に長期にわたって大きく押し上げた大きな原因は、進学志向の全般的な高まりと高卒就職環境の壊滅的な悪化であった。

3 ゴールデンセブン後の高校生の進路選択

押し寄せる受験生の波に私立大学が嬉しい悲鳴を上げていたとき、日本経済は危機的状況を迎えつつあった。バブル経済の崩壊である。不良債権問題による北海道拓殖銀行や山一證券の破綻など、大手金融機関の倒産をはじめ、経済活動はすっかり冷え込み、企業の新卒採用の内定取り消しも相次いだ。バブルの絶頂期には三倍を超えた高卒者の求人倍率(七月)が、〇三年にかけて〇・五倍にまで急降下した。求人の減少は、雇用の質により敏感な男子に進学を選択させるように強く働いた。

就職希望だった高卒予定者の多くが、学費を工面して大学や専門学校への進学をめざすことになった。就職希望者たちには正規雇用の機会を逃せば非正規雇用しかなく、いわゆるフリーターが大量に生み出されることになった。アルバイト賃金も上昇したバブル経済のさなか、リクルート社が肯定的な意味をもたせるつもりで作ったという「フリーター」の用語は一転、不安定、非正規雇用を象徴するものになったのである。

また六〇年代後半と同様、大学の間口が広がったことは、高校生たちに進学を選択させるよう

図表3-3◆高卒求人倍率と男女別大学進学率

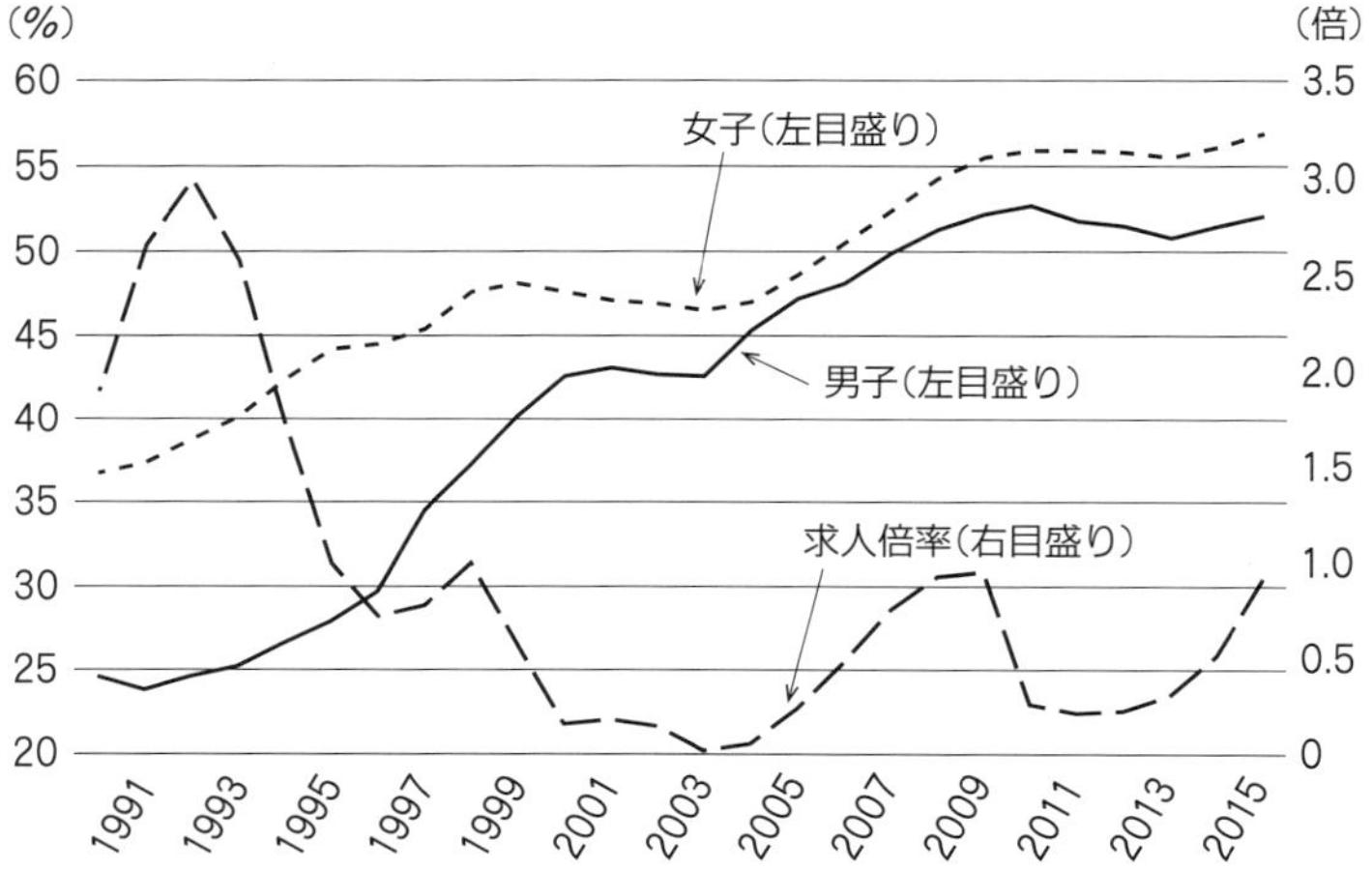

に働いた。男子の大学進学率は九〇年ごろまで二五パーセント程度で推移していたが、一〇年足らずのうちに四〇パーセントを超えた。同時期の女子は三七パーセント程度から四八パーセント程度までの上昇であった(図表3-3)。なお、女子の進学率は短大を含む数字であり、内容的には短大から大学への移行があったが、これについては後で取り上げる。

大学にとっては十八歳人口の急減による進学者の減少を覚悟していたところに、皮肉にも受験競争の鎮静化とバブル崩壊とが、高校生たちを大学進学へとプッシュすることになり、受験生の波は予想以上に長期化した。大学も、ただ定員の調整だけをしていたわけではない。多くの大学は十八歳人口の減少期を控えて学部・学科の再編など、さまざまな改革の動きを進めていた。

4 既設大学の改革

拡張戦略

二〇一五年現在、入学定員一〇〇一人以上で定員割れを起こしている私大は少なく、経営安定のひとつの目安となっている。入学定員一〇〇一人を超える大学が、臨定期からその後にかけて定員規模をどう変え、学部・学科の改組などの改革をどう進めたのか確認しよう。

まず規模の拡大である。一五年度に入学定員が一〇〇一人以上の私立大学は全国で一一三校である。入学定員規模別に一〇〇〇人以下をD、一〇〇一人〜二〇〇〇人をC、二〇〇一人〜三〇〇〇人をB、三〇〇一人以上をAとすると、規模別の大学数は八五年から一五年までの三〇年間に、**図表3-4**のように変化した。

いずれのグループでも積極的に拡大に動いたものが多い。Bグループの一五校中六校がAグループに移った。また現在Cの規模の大学の七割は、八五年以前は入学定員が一〇〇〇人以下の小

図表3-4◆大学規模の変化

A → A	15校
B → A	6校
B → B	9校
C → A	2校
C → B	8校
C → C	21校
D → B	2校
D → C	50校

規模であった。拡大率の大きさでは、武蔵野大学（〇四年までは武蔵野女子大学）の二〇〇人から一九二八〇人（九六四パーセント増）へ、ほぼ一〇倍の拡大、七五年開設の愛知淑徳大学が二〇〇人から一八七〇人へと六・二倍に拡大した二つのケースが際立つ。武蔵野大学は文学部の単科女子大学から、現代社会学部（九八年）、人間関係学部（九九年）、薬学部（〇四年）を相次いで設置し、共学化・総合大学へと大きく飛躍した。愛知淑徳大学も、この間にコミュニケーション学部（〇〇年）、医療福祉学部（〇四年）と、学部新設を行なった。また入学定員七二〇人だった関西外国語大学は二二七〇人へと、併置する短期大学部の入学定員八〇〇人をあわせれば三〇〇〇人を超える大規模校の仲間入りをした。

一方で臨定以前から入学定員三〇〇一人以上を擁していた主要大学の多くは、臨定を恒常化せずに返上している。中央大学、早稲田大学、日本大学、明治大学の四校では一〇パーセント以下の微増ないし若干の減少さえあった。福岡大学、専修大学、東海大学の三校は、十数パーセント増に抑えられている。多少とも積極的に拡大したのは、青山学院大学（一二三・一パーセント）と慶應義塾大学（一二九・七パーセント）および法政大学（一四〇・三パーセント）であった。臨定期の私立大学の動きを分析した両角亜希子の研究でも明らかにされているように、これらの有力私大では入学者の質確保を優先したのである。

このグループで例外的に積極的に規模を拡大したのは、首都圏では東洋大学のみであり、三二二〇人から六七三二人へと倍増させている。ただし、関西圏では八五年に定員二七〇〇人あまりだった関西学院大学が約二倍となったほか、すでに三〇〇〇人以上の規模だった同志社大学、関西大学、立命館大学、近畿大学の各大学も、いずれも五〇パーセント前後の拡大をしており、有力私大の戦略は首都圏と関西圏では対照的であった。

なお臨定期の私立大学の入学定員拡大は全体で約一八万六〇〇〇人であったが、そのうち既設大学によるものが約一〇万八〇〇〇人、新規開設大学によるものは約七万八〇〇〇人であった。中小規模の既設大学が、経営基盤強化のために臨時定員の恒常化などを利用した定員拡大の動きが目立ったのである。

学部改組

Aグループでは定員を抑えながら、学部・学科の改組を積極的に進めた。早稲田大学では〇四年に従来の学部・大学院などの組織を、より柔軟に運営できるよう「学術院」という単位の組織とする改革が行なわれている。また多くの大学で新しい学部の開設も活発に行なわれ、国際、政策、情報、環境などの文字を冠した学部・学科が相次いで開設された。明治大学は工学部を理工学部（八九年）へ、情報コミュニケーション学部（〇四年）の新設、法政大学は国際文化学部、人間環境学部（ともに九九年）、中央大学は総合政策学部（九三年）、同志社大学は文化情報学部（〇五年）などを新設した。社会的ニーズや受験生の関心動向に積極的に応える努力をしてきたと言える。

Bグループから Aグループに移った六大学でも、立教大学が観光学部とコミュニティ福祉学部（ともに九八年）、駒澤大学が医療健康科学部（〇五年）、名城大学が新キャンパスを整備して都市情報学部（九五年）を、さらに人間学部（〇三年）を開設している。関西学院大学も総合政策学部（九五年）などを新設している。

Cグループから一気にAグループへ移った二大学は帝京大学と龍谷大学である。八五年に定員一六三〇人だった龍谷大学は八九年に新キャンパスを開設して理工学部と社会学部を新設し、国際文化学部（九六年）を加えて三〇〇〇人を超える規模となった。その後も関西圏の私学で二番目となる農学部（一五年）を開設し、一五年時点では定員四五三〇の総合大学へと発展している。

Dグループからグループに移ったのは大阪産業大学と関西外国語大学である。戦前の鉄道学校を前身とする大阪産業大学は、経済学部（八六年）、人間環境学部（〇一年）を開設し、この間に二・六倍の規模になっている。関西外国語大学は、国際言語学部（九六年）を新キャンパスに開設して大幅に定員を拡大し、従来の英語とスペイン語に加え中国語などの教育研究体制を整えている。

入学定員が数百人規模だったDグループからCグループに入った大学の多くも、学部・学科の再編と新設学部を開設しながら規模を拡大し、安定した大学経営の体制を整えることに成功した。入学定員が四倍以上となった桜美林大学では、〇五年に学部制を廃して学群制を導入し、リベラルアーツ教育を前面に押し出す改革を行なっている。

〇五年の臨定終了時期までに、既設大学の多くはキャンパスの増設、入学定員の拡大、学部・学科の再編など、主だったリストラクチャリングを行なって十八歳人口減少の厳しい状況への対応を進めたのである。

5　女子大学の拡張戦略

この時期、女子大の多くも女子の四大志向と社会志向に応えるように規模拡大と学部・学科の再編に動いた。これは、後に扱う九〇年代の短大を取り巻く経営環境の急激な悪化の大きな原因のひとつになった。**図表3-5**は一五年度の入学定員が一〇〇一人を超える女子大の八五年から一五年にかけての入学定員の変化と臨定期の学部再編の動きである。

東京家政大学、同志社女子大学、安田女子大学の各大学の拡大は三倍を超え、東京の五校だけでも約二三〇〇人の増加となった。中京圏の二校では一三五〇人の拡大である。定員拡大に伴って学部・学科の再編も積極的に行なわれた。八五年に男女雇用均等法が成立し、またOA化による事務補助的な、高卒や短大卒の女子向けの仕事が消えていくなか、多くの女子大学が、女子の社会進出志向の高まりに応えるかたちで「社会」や「情報」、「国際」あるいは「ビジネス」を冠した学部の開設を進めたのである。

女子大はもともと小規模な大学が多いが、現在の入学定員が一〇〇〇人に満たない大学の多くも積極的な拡大路線を歩んだ。拡大率で最大だったのは活水女子大学で一〇〇人から三八五人

図表3-5◆主な女子大学の動き

※(　)内の数字は開設・改組年

大学名	入学定員	学部新設・改組
大妻女子大学	500 → 1,430	社会情報学部（92）
共立女子大学	540 → 1,125	国際文化学部（89）
昭和女子大学	400 → 1,167	人間社会学部（03）
東京家政大学	440 → 1,415	家政学部学科改組（92 ～ 03）
日本女子大学	1,000 → 1,361	人間社会学部（90） 理学部（92）
金城学院大学	400 → 1,140	人間科学部（02） 薬学部（05）
椙山女子大学	500 → 1,342	文化情報学部（00） 国際コミュニケーション学部・現代マネジメント学部（03）
京都女子大学	600 → 1,295	現代社会学部（00） 発達教育学部（04）
同志社女子大学	455 → 1,395	現代社会学部（00） 薬学部（05）
武庫川女子大学	940 → 1,785	家政学部廃止（00） 文学部学科改組（00 ～ 01）
安田女子大学	320 → 1,075	現代ビジネス学部（03） 家政学部（04）

へ、実数で最大だったのは相模女子大学の三〇〇〇人から八八五人へと五八五人、跡見学園女子大学の四〇〇人から九七〇人へと五七〇人、それぞれ増加している。活水女子大学では〇二年に健康生活学部、跡見学園女子大学は〇二年にマネジメント学部を新設するなどの改組をそれぞれ行なっている。この間、臨定も設定せず学部の改組もせずに四〇〇人定員を維持した白百合女子大学は、まったくの例外である。ただし、その白百合女子大学も一六年には学部を再編し、人間総合学部を新設して二学部体制になり、定員も拡大している。

では次に、この間、学生数の約九割が女子であった短期大学が、どのような環境に置かれ、どのように動いたのかみてみよう。

6 短期大学のゴールデンセブン

受験競争過熱の余波

四大の多くが、初めのうち臨定申請に慎重だったのに対し、短大は最初から積極的であった。初年度の八六年には、私立短大の約二五パーセントにあたる一一三校が合計一万七二七〇人の臨定を設定した。その後、最終的には三万六〇〇〇人にまで拡大し、私立短大全体の入学定員は九二年の一八万八〇〇〇人がピークとなった。実際の入学者は最大で約三〇パーセントの水増しがあり、入学者総数は約二四万人にまで膨らんだ。ゴールデンセブンの期間、私立短大は全体で臨定に加えて、定員のほかに四、五万人の入学者を毎年のように獲得していたのである(図表3-6)。

私立短大の入学者の男女比は、受験競争のピークであった九二年には女子が九三パーセントを占めていた。その後、入学者数減少への対策として共学化の動きもあったが、基本的には女子教育機関の性格は強く、一五年時点でも女子比率は八九・三パーセントである。

この時期は女子の進学先選好の過渡期であり、四年制大学と短大との両方に合格した場合、その社会的評価や卒業後のキャリアパスの可能性などを比較したうえで、短大が選ばれることもあった。また大学が不合格となって、不本意ながらも短大に入学した者も少なくない。

女子の間では浪人を避ける傾向が強いため、四年制大学を第一希望としていても、受験競争が激化したこの時期には、滑り止めとして短大も受験することが一般的であった。女子の短大志願者数は八五年の約四〇・二万人から九二年には倍の八一・六万人あまりにまで膨れ上がった。浪人を避けるために四年制大学および複数の短大に積極的に応募した結果である。過年度卒の志願者も九二年には五・八万人にまで増加している。

図表3-6◆私立短大の入学定員・入学者数および充足率

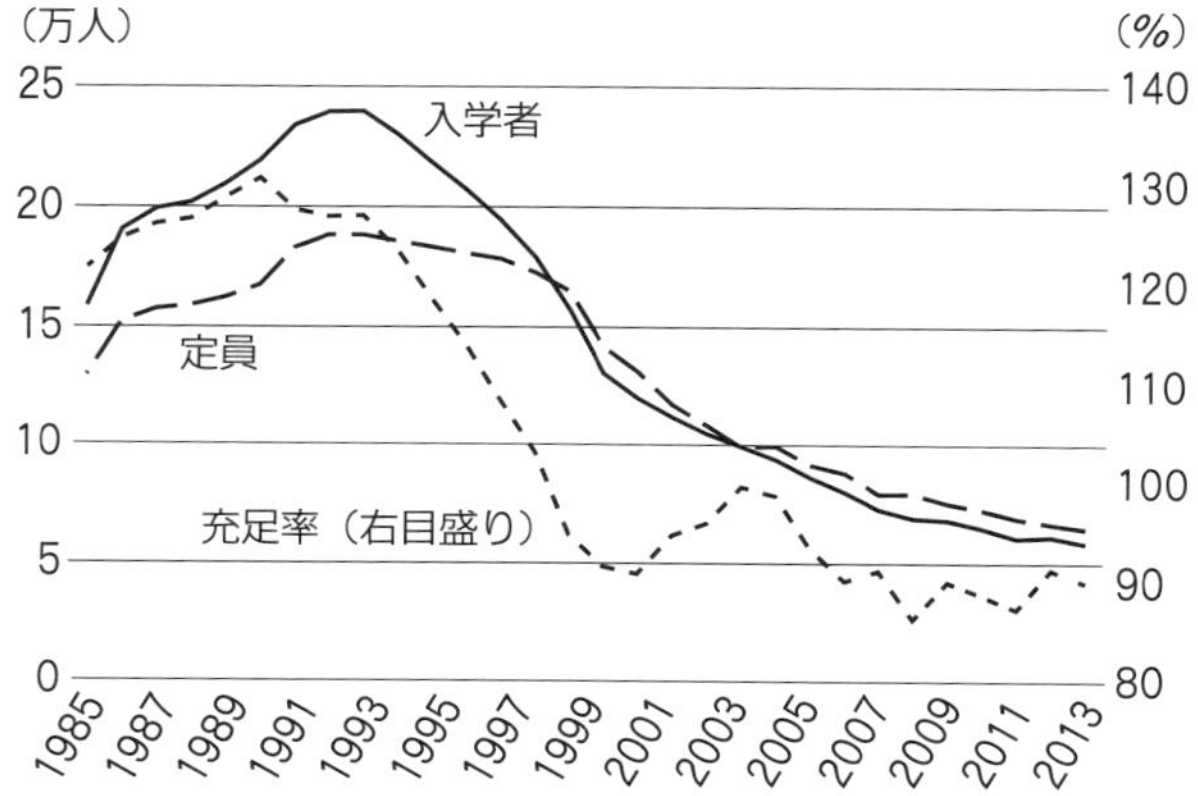

九二年の志願者数に対して実入学者数は約二四万人であったから、受験生は三・五校程度を受験したことになる。短大の受験料は二万円が一般的だったが、四年制大学同様、入学手続きをした受験生からは前期の授業料も含めた学納金が期待できた。また基本的に学生は二年間で卒業していくので、四年制大学に比べて入学金収入のウエイトが大きく、入学手続き者増加の増収効果は大きかったとされる。

全体として斜陽傾向にあったなかで、受験競争の過熱は大都市圏を中心とした私立短大に大きな臨時収入をもたらしたのである。ただし、志願者、入学者とも急減のスピードも速く、この時期の収入をもとに中長期的な計画を立てて減少期に備えたか、あるいは思いつき的な対応策しか考えつかなかったかによって、その後の学校経営のありようは大きく異なった。

首都圏のある短大事例

以上のような私立短大の様子を具体的にうかがうため、六〇年代に首都圏郊外に開設されたA短大の事例をみてみよう。人文系三学科構成で入学定員は三〇〇人の典型的な女子短大であった。沿革史には、開設以来の志願者数、合格者数、実入学者数のデータが記録されており、その推移を示した（図表3-7）。

短大開設後一〇年ほどが経過し、募集状況が落ち着いた七七年以降、八五年ごろまでは大きな変動はなかったが、八六年入試から突然、大きな波に襲われた。十八歳人口のピークとなる九二年に向けて、経験したことのない大量の受験生を迎えたのである。この小規模な女子短大にも九二年には最大の一八〇〇人近い応募者があり、約五五〇人を合格とし、約四〇〇人が入学している。

短大の入学者募集は推薦入試が主流であり、それも複数回設定され、受験生が同じ短大に複数回、受験料を支払うことも珍しくなかった。この規模の短大でも、ゴールデンセブンの期間には受験料収入だけでも二億円程度はあったであろう。この短大の場合、臨定の申請をしないまま一〇年あまりにわたって一〇〇人前後の水増し入学を続けていた。入学金二五万円、授業料年間六

図表 3-7 ◆ A 短大の応募者・合格者・入学者の推移

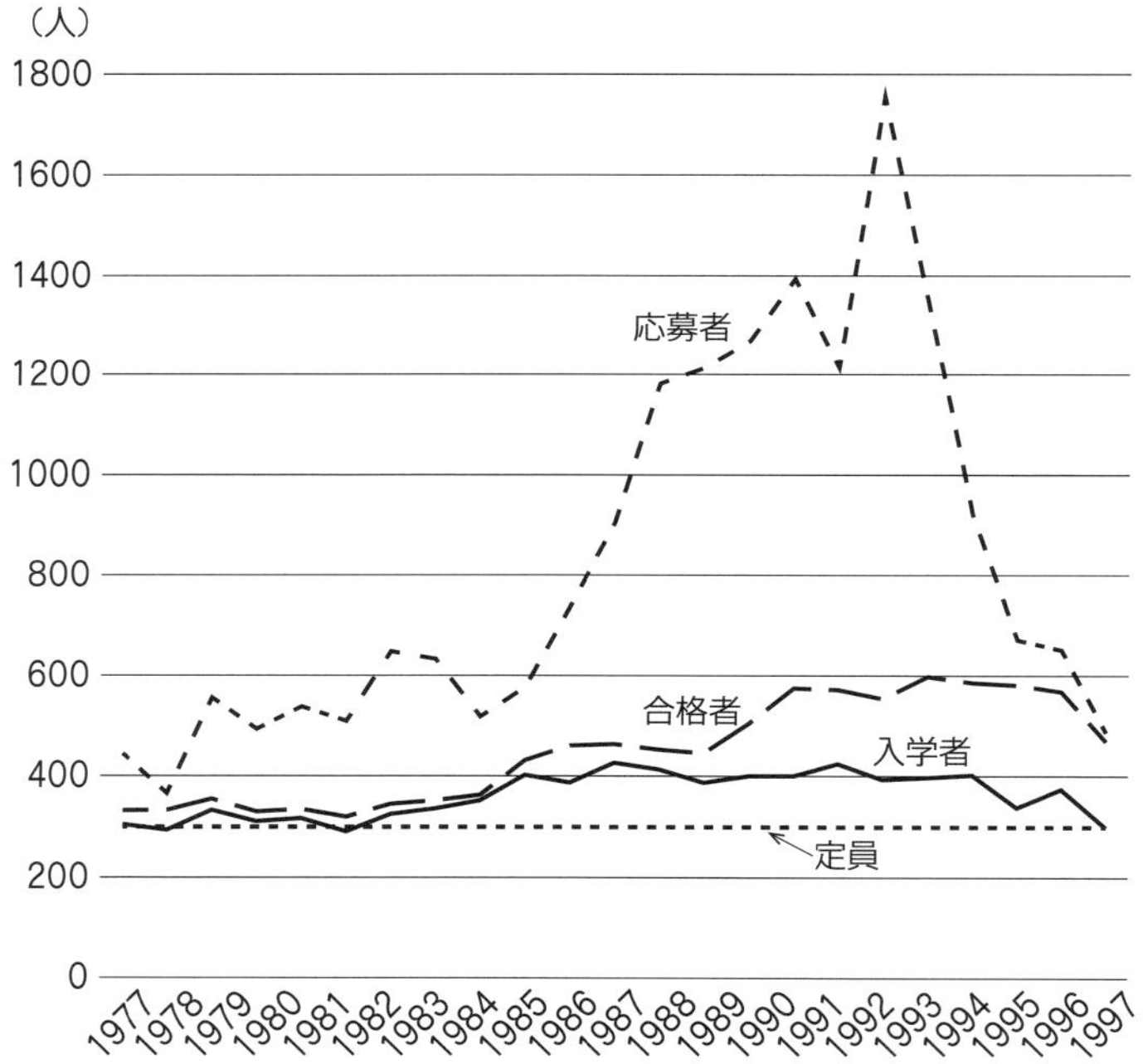

〇万円として、学納金でも十数億〜二〇億円程度の追加的な収入があった計算である。さらに入学手続きをしながら辞退した者の納付金収入も相当額だったはずである。ただ小規模な短大では学則定員の学生数だと赤字になる体質だったと言われ、臨時的な収入がすべて余剰金となったわけでもないであろうが、大都市圏に所在する短大の多くは特段の努力をすることもなく、また臨定の設定の有無にかかわらず相当な額の収入を得たと考えられる。

ところが受験生の波が去るスピードは、押し寄せるときよりもはるかに早かった。応募者の激増に合わせて辞退率も大きく増えた。受験生たちが大都市圏での進学先を確保するために受験校数を大きく増やしたからである。この短大でもピークだった九二年の五年後には、応募者をほぼ全員合格させながら定員割れに追い込まれている。短大の多くは同様の混乱に見舞われた。

7 撤退か転進か

全国の私立短大経営者たちの間には不安が広がっていた。志願者が潮の引くように消えていったからだ。短大全体で九〇年に四・六六倍の倍率があったものの、年を追うごとに低下し、定員割れする短大も増加し、九七年には短大全体の入学定員と入学者数が一致し（全入状態）、その後は定員の削減を上回る勢いで入学者が減少する。

背景としては女子の社会進出志向の強まりがあったが、具体的な理由としては第一に、十八歳人口の急減と四年制大学の定員拡大によって有力大学の入試難度が全般的に下がり、女子受験生の多くが四年制大学に向かったことである。第二に、女子にとっては女子大の大幅な定員拡大と学部・学科の改革により選択肢が大きく広がったことである。短大の入学定員の規模でもっとも多いものは二〇〇～三〇〇人である。首都圏だけでも女子大の定員が三〇年ほどの間に六〇〇〇人近く増加しているから、女子短大二〇～三〇校分の受験生が女子大学に流れた計算である。第三に、バブル経済崩壊後に短大卒の就職状況が目立って悪くなりつつあったことである。バブル崩壊直前の九〇年の短大卒の進路は八七パーセントが就職、三・三パーセントが大学編入などの進学者であったが、〇〇年の卒業者では就職率が五六・〇パーセントにまで低下し、大学などへの進学者が九・五パーセント、残る三四・五パーセントは一時的な仕事に就いた者などとなり、状況は大きく悪化した。

短大の理事長や学長たちは、定員割れの学科を縮小あるいは閉鎖するか、別の道を探るか迫られた。ゴールデンセブンの時期の臨時増収を利用すれば、四年制大学も手の届かないものではないように見えたであろう。実際に多くは四大経営へと進出したのである。それが、小規模大学の大量出現の背景であった。

ところで、学校教育法第一条（学校の定義）にその名のない短期大学とは何なのか。六四年以降の多くの新設大学の母体であり続け、九〇年代後半以降に急激にその数を減らし、陸続と四大経営に乗り出すことになった短大とは、どのような経緯で生まれ、どんな性格をもつ学校だったのかが次のテーマである。

第4章

短期大学とは何か

1 「当分の間」の措置としての短期大学

戦後の学制改革によって旧制中学校や高等女学校などが高等学校に変わり、各地の教員養成や鉱工業あるいは農林業などの官立専門学校は統合され、「駅弁大学」と揶揄された地方国立大学に変わり、早稲田や慶應義塾をはじめとする多くの私立の旧制大学も新制大学に移行した。また戦前、最後まで専門学校であった高等女子教育機関の多くも学校教育法が施行されると新制大学へと移行した。新制大学制度発足の一九四九年には国立六八校、公立一八校、私立九二校の計一七八校がそろった。

教育制度の抜本的な改革を検討していた教育刷新委員会は、四九年初め、「新制大学申請校の審査の状況に鑑み、暫定処置として、次の条件の下に二年又は三年制大学を設けることができる。前記の大学は、完成教育として、その基準を定めること」（傍点は引用者）とし、その学校の名称として「たとえば短期大学」という用語を示した。短期大学の語はこのときに初めて登場した。つまり戦後の学制改革のなかで整理できなかった学校のために設定された臨時的なカテゴリーなのであった。

新制大学への移行・昇格をめざした私立専門学校のうち九〇校が、校地、校舎、施設・設備、教員組織、研究用備品などの必要条件を満たし得なかった。敗戦後の荒廃のなかで、昇格組と失格組のボーダーがどの程度に明確だったか疑問はあるが、文部省はこれらの専門学校を、「短期大学」のカテゴリーを置いて収容したのである。翌五〇年には公立一七校、私立一三二校となっている。多くの学校関係者は、その後も条件を整えて順次、大学への移行を進め、六〇年代までにはほぼ完了している。

2 短大の変遷

清水義弘の『短大に明日はあるか』によれば短大の発足期、五四年までの五年間に、私立短大は一五三校を数え、国立を含めてすでに二〇〇校を超えた。私立短大の設置母体は旧制からの転換が九一校と多く、とくに専門学校が三二校であった。新制では、高校以下の諸学校が設置したものが四一校のほか、新設が一八校であった。

清水の時代区分に従えば、その後、次のような経過をたどる。第二期（五五〜六四年）は短大の制度が廃される可能性の高まった「冬の時代」であり、それでも私立短大は八七校が新設された。設置母体は、新制が六五校、そのうち高校以下の諸学校が四八校と多かった。旧制学校からの設置は二二校と減少した。

第三期（六五〜七四年）は第一次ベビーブーム世代を迎えた拡張期である。一六二校の私立短大が開設され、七四年には四三二校にまで増加した。この期間の設置母体は一四〇校が新制学校によるものであり、高校以下諸学校が九〇校と多く、自校卒業生の受け皿として開設されたものが多いと推測される。ただし同じ時期に廃止も二四校あり、浮沈の激しい学校種であった。

第一次ベビーブーム世代通過後の十八歳人口減少期となる第四期（七五〜八四年）は抑制期であり、三七校の増加があったものの、設置母体としては、新設法人によるものは皆無で、大学、専門学校、高校以下諸学校がそれぞれ十数校であった。

第五期（八五〜八九年）は第二次ベビーブーム世代を迎えながら、その後の確実な急減を控えた時期である。それでも四一校の新設があり、それらの設置母体は高校以下諸学校が一三校、大学が一〇校、専門学校が九校、その他が九校であった。

3 短大の恒久化

経済成長と戦後ベビーブーム世代が大学進学年齢に達する六〇年代の環境を背景に、主に高校以下の学校を経営していた学校法人が、「当分の間」とされていたはずの短大に、大挙して参入し、七〇年代までには教育制度上も重要な学校種となった。この間、短大制度成立時の五〇年に会員数一三二校で発足した私立短期大学協会は、圧力団体として政治的にも積極的な動きを続けることになった。

まず五〇年代後半には、文部省が準備した「専科大学」構想に強力に抵抗した。経済復興に活気づく産業界からの働きかけにより政府・文部省は、中卒者を対象とした五～六年制の専科大学を構想し、五八年以降、三回にわたって国会に法案を提出した。戦前、中堅技術者養成の役割を果たしていた専門学校の再現をねらったものである。協会は、法案が成立すれば短大は大学より格下の専門学校扱いに逆戻りすることになることを恐れ、激しく反対活動を展開した。運動は功を奏し、すべてが審議未了に終わった。

産業界側からはその後、短大の全体を専科大学に変えることを要求しているわけではなく、工業分野の人材を求めている、とする意見が出され、六一年に学校教育法に高等専門学校が加えられ、翌六二年に「工業高等専門学校」が発足するに至った。その結果、六四年には学校教育法から短大についての「当分の間」の文言が削除され、短大は大学の一部として恒久的な地位を勝ち取ったのである。

しかし短大の法的位置づけも実態も、大学よりも高等専門学校に近いものであったのも確かである。学校教育法では、大学がその役割を「広く知識を授けるとともに、深く専門の学芸を教授研究し、知的、道徳的及び応用的能力を展開させることを目的とする」とされているのに対し、短大は、「[大学の]目的に代えて、深く専門の学芸を教授研究し、職業又は実際生活に必要な能力を育成することを主な目的とすることができる」（傍点は引用者）とされている。「深く専門の学芸を教授し、職業に必要な能力を育成することを目的とする」（同）とする高等専門学校の性格に近く、実際の学科も家政系や幼児教育あるいは経理事務などの職業及び生活技術分野が中心となったのである。

4 昭和四十年代の拡大と性格の変化

急激な拡大

短大が全国的に相次いで開設された昭和四十五年からの一〇年間に焦点を絞って短大の動きを整理しておきたい。この時期は、高校とりわけ女子高校を経営していた多くの学校法人が、卒業生の進学先を用意するかたちで短大経営に相次いで参入した。同窓会が募金を集めて短大設立を働きかけた例も少なくない。大学に比べて教員の資格審査も緩やかであり、施設・設備も簡略なもので済んだので、開設のハードルは低かった。新設申請の審査にあたった研究者のなかには、夫婦で学長と理事長を分担する家内企業まがいの学校法人や、大学と比べるとあまりに見劣りする教員組織など、大学の名にふさわしいとはとても思えない内容に戸惑った経験を記している者も少なくない。

清水も指摘しているように、短大に関する統計資料には不確実な部分があり、学校数についても第二期とされた昭和四十年代の私立短大の開設校数を清水は一六二校としているが、『全国短期大学一覧』によれば一七一校となる。ただし、内六校は開設したものの期間内の数年で閉校しているので、これを除けば一六五校となり、「誤差」のうちかもしれない。短大はいろいろな意味で戦後学制改革の落とし子だったのである。

この時期の短大への進学熱を支えたのは女子であった。類型別の学校数の変化からも、その変化は確認できる。六五年の私立短大数は、男子校が一一校、女子校が一九九校、共学校八七校であったのに対し、七四年には、それぞれ八校、二八五校、一三八校へと、女子短大の大幅な増加が目立ったのである。

設置母体についても高校以下の学校種が一〇八校と、清水の挙げた数字よりも大きい。経営する学校種が幼稚園のみとするものが七校あったのは、幼稚園を経営する学校法人の多くが幼稚園教員を自前で養成しようとした動きを表している。その他、専門学校二四校、大学一九校、その他が二〇校であった。

この時期に高校や専門学校の背景を持たずに開設され、現在まで存続している短大は全国でも八校と多くないが、地域社会に密着した教育を提供して支持されてきた短大は存続しえている。そのなかでもユニークなのは札幌市にある北海道武蔵女子短大である。北海道在住の武蔵大学出身者が中心となって教養科のみ入学定員一〇〇人で六七年に開設された。その後、英文科、経済科を増設し、一六年段階では定員三五〇人となっている。良好な就職実績もあって入試でも競争倍率を維持している。しかしこれは、あくまで例外である。

学科としては、女子向けの家政、幼児教育のほか、英文や国文などの人文や教養分野の短大が爆発的に増えていった。設置学科別の短大数をみると**図表4-1**のとおりとなる。ただし、開設時に複数の学科で発足した場合は筆頭の学科を取り上げ、またすでに閉校となっている短大のなかには、設置されていた学科名さえ不明なものもあるので、多少の誤差がある。

さらに、この期間の短大新設の地理的分布をみると、一校ないし二校のままで新規開設がなかった富山、石川、福井の北陸三県を除けば、全国的に開設の動きが広がった。それまで一校もなかった島根県や高知県にも新設され、長野県では一校から六校へ、愛媛県、鹿児島県では、そ

図表4-1◆昭和40年代の設置学科別短大数

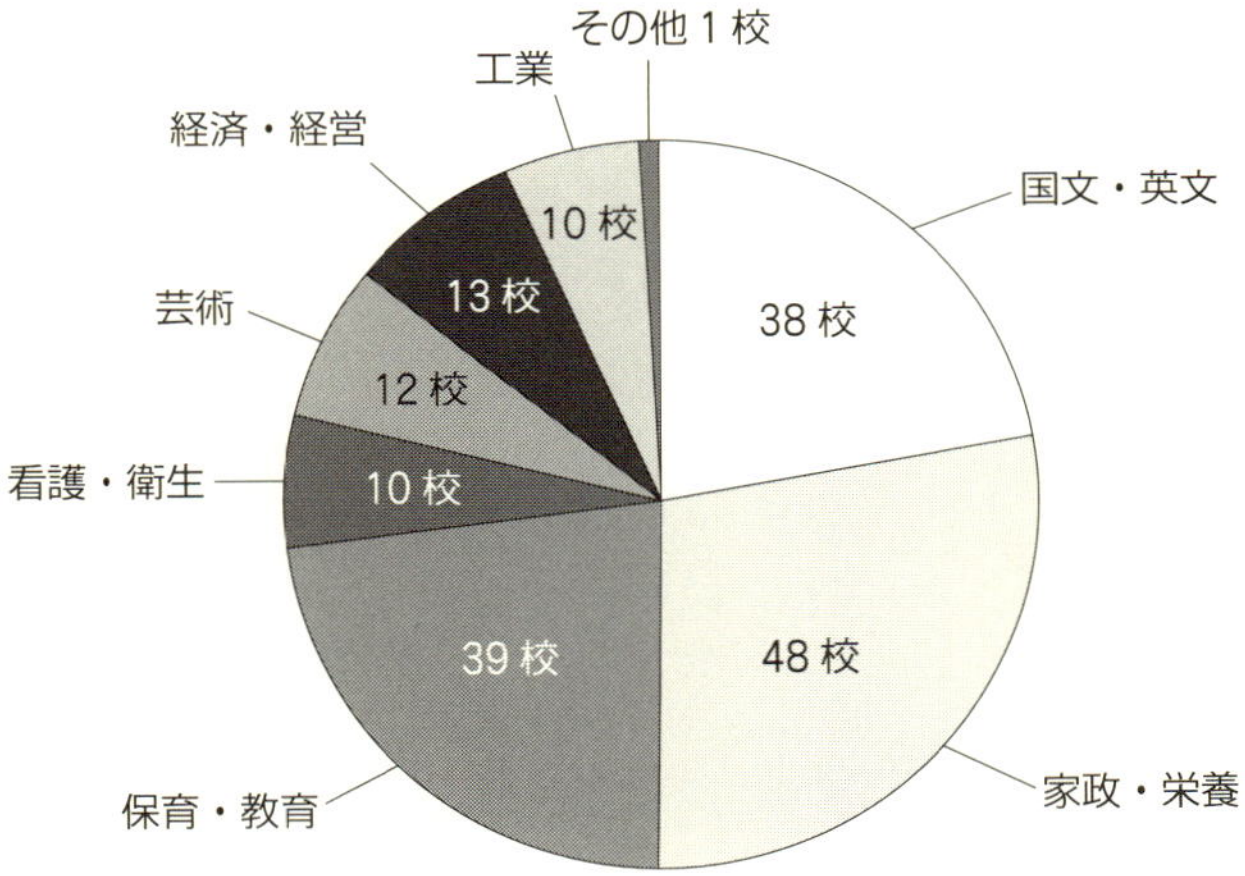

れぞれ二校から六校へ、などが大きく増えた県として目立った。

大都市圏でも新設は相次いだが、中心部よりも周辺部に開設された傾向が指摘できる。東京都では七七校から八一校へと微増であったが、二三区内だけをみると逆に六七校から六五校に減少していた。都下の郊外地域で新規開設がみられたのである。さらにこの期間に千葉県、神奈川県では一〇校近くが新たに開設され、六五年までゼロだった埼玉県にも四校が開設されている。大阪府、京都府、兵庫県でも同様の傾向があり、大阪市内では一六校から一四校に減少したが、大阪府では三一校から三八校への増加があった。大都市圏では、短大は増加する若年人口を追って主に郊外に開設されたのである。郊外から若者の姿が消えれば、同時に消えていくべき学校だったとも言える。

性格の変化

全国私立短期大学協会は加盟校が増えるにしたがって、文部省にさらに圧力をかけるようになり、文部省も短大の現状を追認していくようになる。ジャーナリストの本多二朗『短大の素顔』によれば、七六年に設置基準の改定が行なわれ、それまで大学同様に教養科目として求められていた人文、社会、自然の各系列の科目の単位数は三分二に減じられ、専門科目も「四八単位以上」から「二八単位以上」に減じられ、各短大の裁量で置いてよい二四単位の「余裕単位」が新設された。さらに、専任の二倍を超えてはならないとされていた兼任教員数の規制も廃止された。校地・校舎についても、面積の規制を大幅に緩め、二割から七割も基準が緩和されることになった。文部省は短大に対して、基準に近づける努力を要求するのではなく、基準を実態に近づける妥協をしたのである。短大はいっそう参入しやすい学校種となった。

図表4-2は短大の急増期の六五年から、その後の一〇年間の分野別の短大在学者数の変化を示している。六五年からの一〇年間、女子学生は一〇万人から三〇万人へと増加し、七五年には女子の高卒者六六万五六六三人の二一・八パーセントが進み、就職の四八パーセントに次ぐ進路として定着する。この間に大きく伸びたのが幼児教育を主とする教育分野であり、六五年からの

図表4-2◆分野別短大学生数

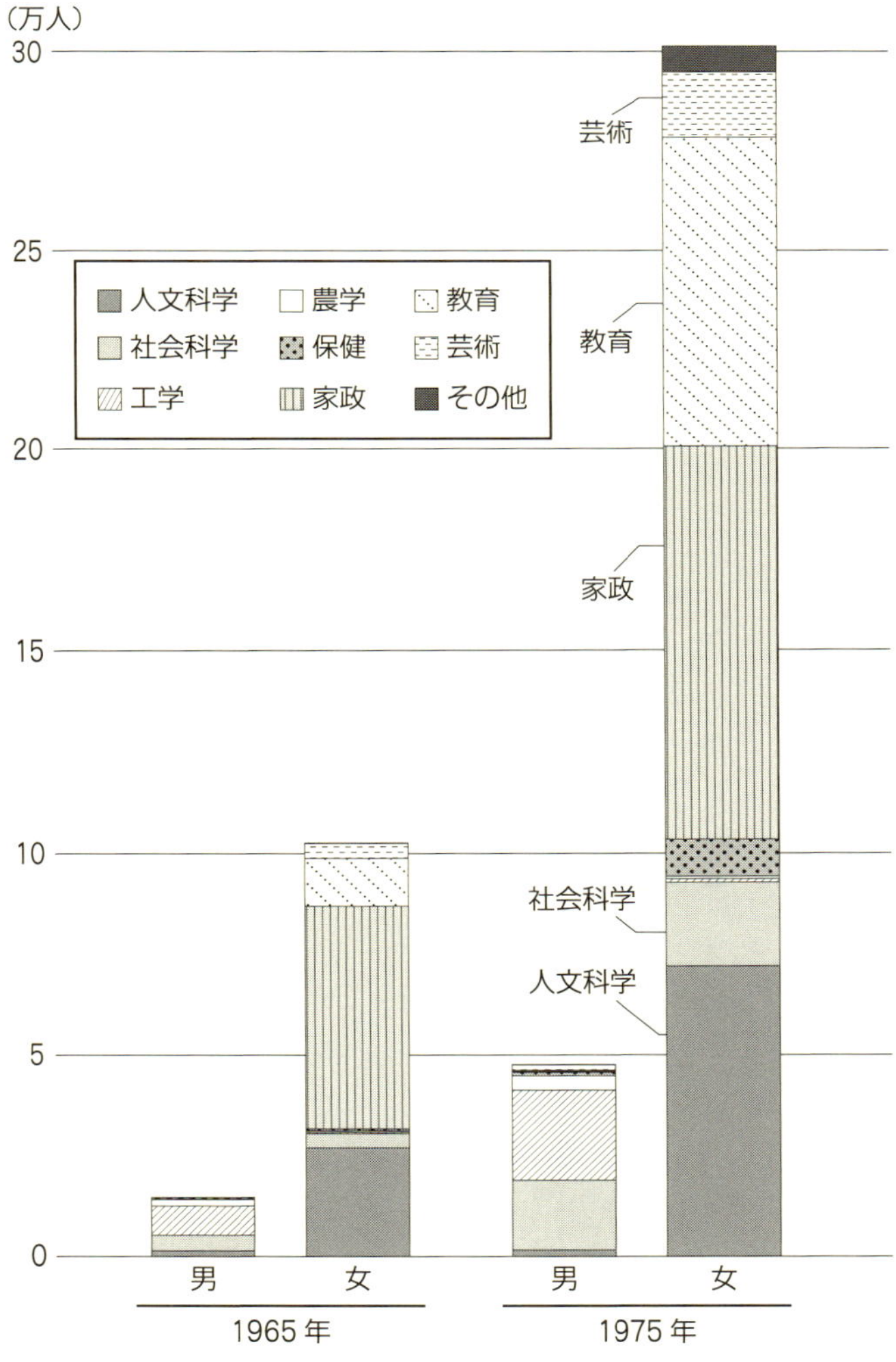

わずか一〇年間に約六・六倍の伸び率を示し、家政系と並ぶ分野となった。

5 夏の時代から冬の時代へ

短大の拡大は、高校教育の実質的な義務教育化と並行して進んだ。全国の高校進学率は七四年に九〇パーセントを超えたが、大都市圏ではそれ以前に、実質的に全入状態になっていた。企業側としては、短大卒は高卒者と差別化しながら、主に事務補助職としてさまざまな点で使いやすかった。まず高卒よりも高い実務能力が期待でき、給与面では大卒よりも高卒に近かった。九二年の平均初任給は、大卒女子一六万二九〇〇円に対し、短大卒女子は一三万八一〇〇円、高卒女子が一二万六〇〇〇円であった。また本多二朗が企業側の声として紹介しているように、卒業生の特徴のひとつが「中産階級以上のほぼ同程度の家庭環境」であることだった。これは大手企業にとって、従業員管理上、安心して採用できる人材であることを意味した。六〇年代半ばから七〇年代にかけて、英文・国文などの人文系の学科や秘書科などの実務系の学科が増えた背景である。

しかし、短大にとって夏の時代は短かった。八〇年代になると企業のオフィスには情報機器の導入（OA化）が始まり、事務補助職の求人は減り続け、九一年のバブル崩壊によって短大卒女子の求人は、ほぼとどめを刺された。しかし、第二次ベビーブームによる受験競争の激化により受験生が短大にも殺到するという僥倖に恵まれ、短大卒の労働市場が急速に失われ、短大学歴の魅力が消えたという深刻な事態が、束の間ではあっても覆い隠されてしまったのである。第二次ベビーブームの波が過ぎると、志願者の波は潮が引くように一気に去っていった。

四年制大学志向の強かった大都市圏の女子生徒たちの間では、受験競争が緩やかになった四年制大学への進学をめざす動きがよりいっそう強まった。さらに九一年の大学設置基準の大綱化によって、学生定員の設定が柔軟にできるようになると、編入生の受け入れが容易となり、有力私大では系列の短大からの編入を多く受け入れるようになった。短大間に学生募集能力の大きな格差が生じるようになったのである。

明治大学、駒澤大学、東洋大学、成城大学などが二〇〇〇年代に入って、それぞれの短大を大学に吸収して廃止したが、いずれも短大を学部進学へのバイパスとして利用する受験生が増えて短大を設置しておく意味が薄れたためである。なお、青山学院大学の短大は学内の調整が進まないまま入学定員五八〇名の大所帯で残されているが、学内および他大学への編入学者が毎年一〇〇人程度に達している。上位（大学）をもたない短大はますます学生募集に不利になったのである。

九〇年代半ば以降、短大は一気に冬の時代に突入し、多くの短大は経営危機に直面することになった。**図表4‐3**は、短大数が最高に達した九三年と急減期を経た後の一四年の二〇年あまりに分野別学生数がどのように変化したかを示している。九〇年代以降、教育分野（幼児教育）と家政系などを除いて、多くの分野は、短大からほとんど消滅していった。教育系の縮小幅が小さいのは、幼稚園教諭の待遇が短大卒と四大卒の間にそれほど大きな差がないこと、また幼稚園経営者の多くが比較的短い期間で教員が入れ替わりやすい短大卒を好むことから、幼児教育をめざす高校生の間に短大の需要が根強くあるからである。家政系も、資格を取るのに二年間で十分なものもあり、地域によっては根強い需要が残っている。

6　消えた短大

短大は制度が始まってから、急増期も含めて常に閉校があり、八六年以降の増加期にも毎年のように廃止が続いていた。学校数が史上最多になったのは九七年の五〇四校である。その後は一方的に減少を続け、一四年には三三五校となったが、新設も多少あったので実際に消えた短大は、八六年以降、閉校予定も含めて二一二校にのぼり、毎年七・一校のペースで減少し、九七年

図表4-3◆短大学科分野別学生数の変化

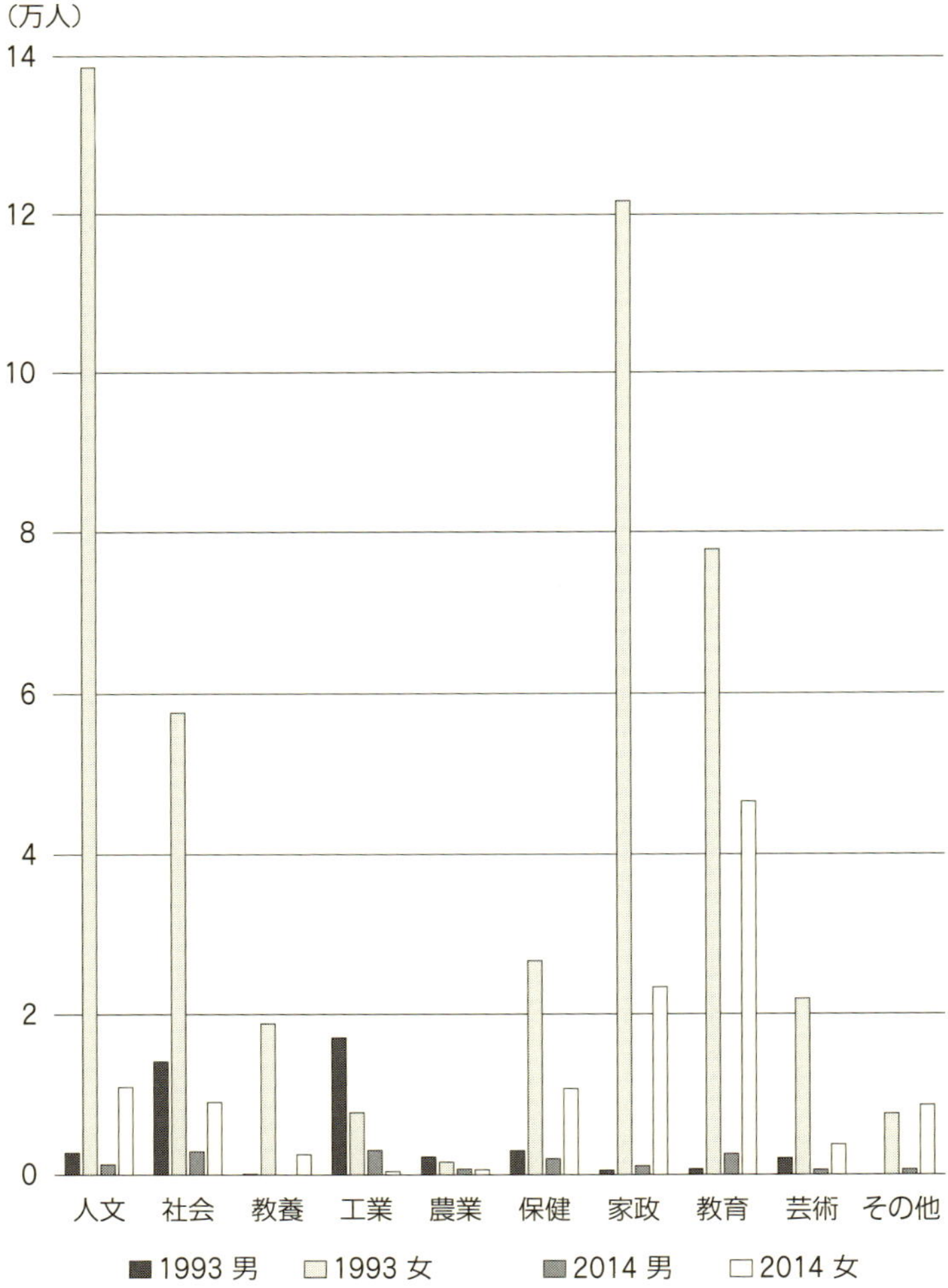

以降に限れば消滅は毎年一二・九校という激しい勢いであった。

八六年の臨定期以降に消えていった短大は三つに分類できる（図表4-4）。第一に、四年制大学への改組転換（移行）である。四年制大学への移行には二通りのパターンがあった。短大の全部を一斉に大学に移行させたケースと、短大の一部の学科をもとに大学を開設する、あるいは短大にはない分野の学部で大学を開設し、その後に残る短大を大学に統合する時間差のあるケースとがある。本書では大学開設時期が八六年以降で、一六年までに短大を廃止しているものは、すべて「転換」として扱う。転換したものは八三校であった。多くは高校以下の学校種を経営していた学校法人が開設した短大をさらに四大にしたケースである。短大の一部を残して大学に進出した法人のほうが多いが、短大を残さずに四大化したケースは、いわば「退路を断つ」決断であった。

第二に、同一法人の経営する既存の大学の学部として統合される改組である。四年制大学に併置されていた短大が、大学の学部として統合されたもので八一校である。短大の学科に類する学部・学科を大学側に開設するかたちが基本である。明治大学短期大学部の場合、戦前の女子教育機関の専門学校が戦後に短大となり、九〇年代以降は大学への編入者が増え、短大の役割が薄れたとされ、〇七年に新設の情報コミュニケーション学部に統合される形で廃止されている。昭和女子大学短期大学部も大学にグローバルビジネス学部が新設されたのに伴い一四年に廃止されて

図表4-4◆短大の選択

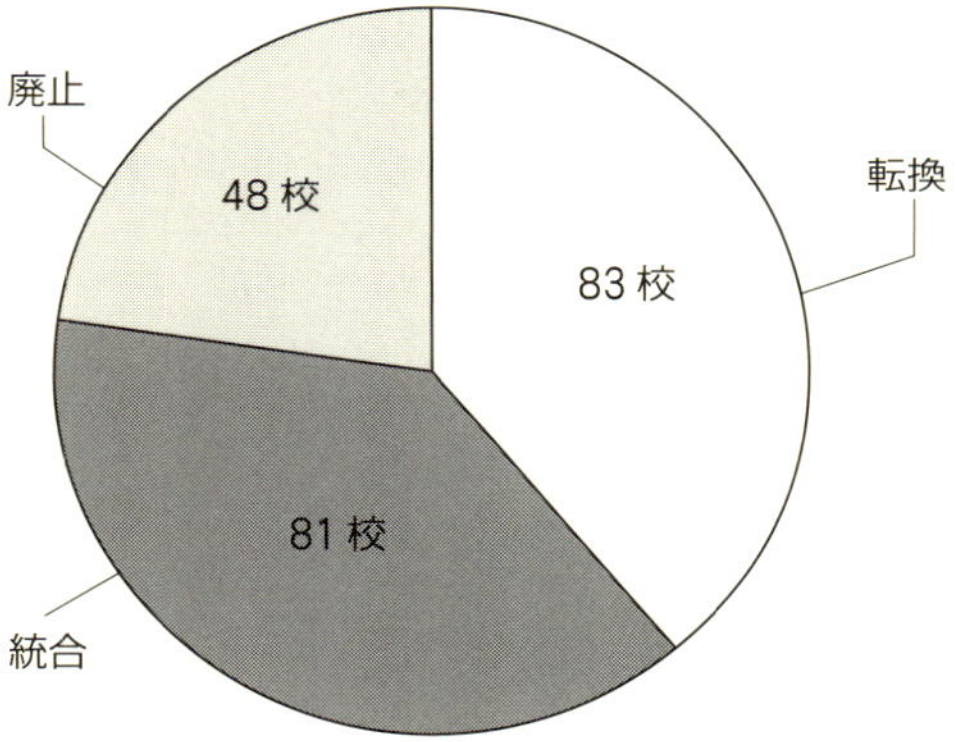

いる。関西では同志社女子大学の短大が、大学に現代社会学部が新設されて〇三年に廃止となっている。ただし大学に学部を新設せず、短大の廃止学科の人数分を大学の既存学部の定員を増やすなどの例もあり、両者の関係が明瞭に確認できないケースもある。

第三に、完全な撤退である。四八校であった。大学に併設されていた短大が廃止され、大学に統合された可能性のある曖昧さが残るケースもあるが、短大廃止時に大学側の学部・学科の再編や定員の変更がない場合はこれに含めた。短大が単体で経営されていた場合や、併設の高校や専門学校も体力に不安のある場合は短大を廃止するケースが多かった。酒田短期大学は前者、神戸ファッション造形大学短期大学部は後者の例である。

学制改革の時期に開設され半世紀以上にわたっ

て多くの卒業生を出してきた短大のいくつかも、この時期に消えていった。半世紀以上にわたって土木・建築分野の人材を送ってきた東京の攻玉社工科短大や、起源は戦前の高等女学校専攻科にまでさかのぼり、校地が都心の一等地にあり、かつては「お嬢さま学校」の評価を得ていた山脇学園短大などの歴史のある短大も〇八年と一一年に、それぞれその長い歴史に幕を閉じた。

山脇学園短大をはじめとして閉校した短大の多くは、併設する幼稚園、中学校・高校の経営に専念すべく短大経営から撤退し、敷地や校舎は中高の教育施設に転用されている。また愛媛県新居浜市に置かれていた桃山学院短大のように、大学（本部）とは離れた過疎化の進む地域に置かれていて学生募集が困難になって廃止されたものもある。なかには北九州短期大学のように三〇年近く学生募集を停止していて〇四年に閉校手続きをしたケースもある。

なお、この時期に閉校した短大の平均継続年数は三五・五年であった。人間の一世代に近い数字である。さしたる動機や目的もないまま時流に乗じてつくられた学校の寿命は、この程度のものなのかもしれない。

7 四大化へ

短大は量的拡大に伴って、性格も変わっていった。当初は大学に進む余裕のない勤労青年が学ぶ経営や工学分野の夜間部も含む短大が多かったのであるが、六〇年代以降の爆発的な増加は女子向けが中心となった。短大は女子向けに特化することによって成長した学校種であり、過剰なまでに特殊な環境に適応しながら成長したため、急変する環境のなかで居場所を失うことになった。しかし撤退したのは三分一以下にとどまり、三分一あまりは法人グループの大学が吸収するかたちで大学となって消えた。残る三分一あまりは、自ら大学へ改組転換することによって生き残ろうとしたのである。

六〇年代に高校以下の学校や専門学校を経営していた多くの学校法人が短大経営に乗り出したが、今回、それらの学校法人は短大の四大化に生き残りのチャンスを見出そうとした。高等教育論の荒井克弘が「大学大衆化ならぬ大学設置主体の大衆化」と呼んだ現象である。質の低下が避けられなかったうえに大きな課題があった。同じく高等教育論の天野郁夫は九九年の時点で短大経営の特質について以下のように述べていた。

［学校法人内部で］短大がそれだけで独立の経営体とみなされることは、ほとんどなかったと見てよい。つまりそれが偏差値序列であれ、受験生や入学者の数であれ、相互にきびしく競争しあっている大学にくらべて短大の場合には、短大間の生き残りをかけた競争のきびし

さが実感される度合いが、著しく低かったと思われる。

＊ブラケット［　］内は引用者による補足（以下同様）。

開設された短大の規模が小さかったこともあって、学校法人の理事たちの関心は基本的に母体側である従来の中高以下の学校経営にあり、短大は飾り物程度にしか意識されていない傾向があった。そのため短大が激しい競争に直面して生き残り競争に晒されるようになっても、危機意識が希薄だったのではないかというのである。

その学校法人の多くが相次いで短大を四年制大学に転換した。あるいは短大を残しながら大学経営に乗り出した。大学になれば、短大とは比較にならない水準の教育研究体制の整備が求められる。また大学間のさまざまな激しい競争に晒される。学生募集の範囲も広がり、予備校の偏差値序列にも組み込まれる。短大の経営が本業として意識されずにいたとしたら、彼らにまともな大学経営ができたのか、また法人内には大学運営に必要な人材があったのか、大学にふさわしい教授陣をそろえられたのか。これらの短大から、どのような大学が生まれたのかが、次の課題である。

第5章

短大以上・大学未満

1 四大への移行

定員割れに喘いでいる大学の多くが短大の改組転換であることをみてきた。とくに臨定導入の一九八六年以来、私立大学は三三四校から一五年までに六〇四校へと一・八倍あまりへと増えた。株式会社立、大学院大学、通信課程のみの大学および公立化された大学を除き、すでに閉学や統合された大学を含めて、この間に新設された二六四校の母体は、短大が一九〇校と七割強で、内訳は、前章で紹介したとおり八二校が一五年時点で四大に全面的に移行している。そのほかに、一〇八校は短大を併置しての四大開設である。

現在、残る三〇〇あまりの短大のうち、一〇〇校あまりが大学を併置しているので、最大で五〇〇あまりに達した短大のうち、撤退にも四大化にも動かなかったのは二〇〇校程度だった。この三〇年ほどの間に、短大の半数以上が大学経営に進出したということになる。

短大以外を母体とする約三〇パーセントのうちの多くを占めるのは、専門学校などを改組転換して開設された保健や看護などのニッチ分野の大学である。医療法人が学校法人を設置して開設した大学も含めると、医療系は三五校になる。なお短大の移行は前半の十数年間に、医療系は後半の十数年間に集中している。

多数の私大の新規開設は、地理的分布にも大きな特徴がみられた。この期間には、岩手県、和歌山県、島根県、徳島県、高知県、佐賀県の六県を除くすべての都道府県で大学が開設されている。北海道の一二校を除けば、一〇校を超えるのは、東京都二四校、大阪府二三校、愛知県一九校、千葉県一八校、兵庫県一六校、埼玉県一五校、福岡県一二校と、大都市圏とその周辺に集中しながら、かつ全国にも広く開設されてきた点で、六〇年代の私立短大が多数出現した時の様子と重なってくる。私立短大の多くが一斉に四大化した事情がここにも反映されている。

多くの短大は学生募集に行き詰まって四大に転換をしたが、四大への改組転換は学生募集の回復に効果があったのだろうか。九八年の振興事業団の「私学経営情報」には、九六年までに短大を改組転換した大学へのアンケート調査（五一校が回答）の結果が紹介されている。そこには、短大時代には志願率が四倍以下の学校が約三分二にあたる三三校だったのが、大学になって一四校に減少するなど、学生募集が大きく改善した様子を示す数字が示されていた。報告では「改組前年度に比べ、改組年度は志願倍率が高くなった事例が多い。三〇倍を超す事例もある。いわゆる四年制大学化傾向のなかで短期大学が四年制大学に改組転換することは、志願者を引き付ける傾向があるといえる」（傍点は引用者）と分析されていた。この情報は、急激な志願者減少に見舞われていた短大の経営者たちの背中を、四大化へ向けて押したことであろう。

しかしアンケート実施の九六年の時点では、まだゴールデンセブンの受験競争の余波、つまり一定数の過年度卒の受験生も残っていた時期である。改組当初、進学率の上昇と女子の四大志向に支えられ、定員を充足できたところもあったが、多くは間もなくふたたび定員割れに追い込まれていく。

2 「幸せな死に方」としての四大化

四大化を明るい展望として示唆した「私学経営情報」が発行された二年前の九六年、大学問題を取り上げたある研究会で、文部省の大学政策担当者が興味深い報告をしている。テーマは「大学の入学定員を考える」である。臨定を含めた定員をどのように調整しても一〇年ころには大学が潰れるのは避けられないとして、そこまでの政策のあり方を論じている。内輪の研究会での発言のためか、リラックスした様子で本音が語られている。

報告のポイントのひとつは、大学が潰れたときに文部省の無策のせいだとする批判を受けないようにしたいという、いかにも官僚的なものである。報告者は、「短大は潰れているが、ある日一遍に潰れるのではなく自然な流れとして受け止められ、文部省が批判されているわけではない」と指摘したうえで、「大学についても護送船団方式は捨てざるをえないから短大と同じような状況を作りたい」という。事実、短大は拡張期でさえ閉校するものがあり、九〇年代に入っても、宮崎県の日向学院短大、愛媛県の桃山学院短大、島根中央女子短大、徳島文化女子短大と、毎年のように閉校していた。

報告者は四大化する形で短大から退場するものがあることに触れ、「四年制大学に転換をするという、非常にハッピーな死に方」（傍点は引用者）と表現している。報告の本筋からは外れているのだが、短大の四大への改組転換は文部官僚の目には「消滅」に見えていたのである。この箇所の少し後に「死に方というと語弊がありますけれど、潰れ方があった」とも言い換えている。

しかし、多くの私学経営者たちにとっては「いつかは大学」は、あこがれにも似た願望であった。経営の危機に陥っていた短大を大学に衣替えする機会が訪れたのである。ゴールデンセブンの余慶で資金的な余裕もあった。小学校あるいは中高から短大までを経営していた法人の関係者にとっては、大学までの「一貫教育体制」という夢を実現する幸福感のなかで、死を死として理解できなかったのであろう。

天野郁夫の指摘するように、短大を高等教育機関として運営する意識の薄かった彼らに、大学を名ばかりではなく内実も確実なものに整えるだけの用意があったとは思えない。早急に大学の名にふさわしい新しく健康な血肉を獲得して生き返らなければ、十八歳人口の減少が進行するなかで早晩、死は確実にやってくるはずだった。形だけは既存の国立大学や有力私大を真似ても、勝負はついているはずだったにもかかわらず、多くの経営者たちは大学を手に入れたことで満足していた。これらの新設大学の相当数は、短大以上ではあっても大学未満のものでしかなかったのである。

3 定員割れの短大から定員割れする大学へ

改組転換の実際

四大化した短大の、その後の学生募集状況を確認しよう。二〇〇〇年には公立六大学と私立二二大学の計二八校が開設され、単年度の開設数では新制大学発足時を除けば六六年の二九大学に次ぐ多さであった。この年度の新設大学を取り上げる。

私大二二校のうち一校はその後に公立移管され、一校は通信制課程のみである。残る二〇校のうち三校は短大の改組ではない。東京福祉大学は専門学校を経営する学校法人、日本赤十字広島看護大学は学校法人赤十字学園、立命館アジア太平洋大学は学校法人立命館によるものであった。残りの一七校が短大改組の大学であった。そのうち九校、天使大学、稚内北星学園大学、尚美学園大学、日本橋学館大学、松蔭女子大学、富士常葉大学、人間環境大学、近畿福祉大学、広島安芸女子大学は全面的な改組転換であり、新潟青陵大学、金城大学、愛知工科大学、名古屋産業大学、平安女学院大学、京都創成大学、大阪明浄大学、長崎国際大学の八校は短大を残しながらの四大開設であった。

図表5-1、**図表5-2**は、これらの大学の開設後四年目の定員と充足率を、『大学ランキング 2004年版』から、さらにその一〇年後の数字を一六年版の同書の情報から作成したものである。『大学ランキング』に情報を非公開としている大学については、大学ウェブサイトの公開情報に基づいて一五年度入試のデータを示している。また短大からの改組転換の際の学科名と学部名を示した。

開設直後から定員割れしていた大学は数校だったが、一四年には逆に、入学定員を充足できているのは三校のみである。一校は卒業生を出さないまま閉校となり、また一校は同一法人内の大学に統合された。

短大時代の学科名と大学になる際の学部名を比較してみればわかるように、多くの場合、教育内容に新鮮味はほとんどないことがわかる。英語分野の学科をもった短大が四大になって「人文」や「文化」の語を含む学部名となり、商科分野の学科の短大では「経営」を含む大学の学部

図表5-1◆全面改組転換

大学名	2004年		2014年		改組	
	定員	充足率（%）	定員	充足率（%）	学科名	学部名
天使大学	165	117.6	172	104.6	食物栄養・衛生看護	➡ 看護栄養学部
稚内北星学園大学	180	56.1	50	42.0	英文・経営情報	➡ 情報メディア学部
尚美学園大学	660	128.5	660	102.3	音楽・情報コミュニケーション	➡ 芸術情報学部、総合政策学部
日本橋学館大学（2015年、開智学園大学に名称変更）	150	100.4	150	39.3	秘書・英語	➡ 人文経営学部
松蔭女子大学（2004年、松蔭大学に名称変更）	325	非公表	592	35.9	英語・経営	➡ 経営文化学部
富士常葉大学（2013年、常葉大学に統合）	350	106.0	—	—	商学科・国際教養	➡ 流通経済学部、環境防災学部
人間環境大学（2016年、日本医療環境大学に名称変更）	200	112.5	200	51.0	国際文化・英米語	➡ 人間環境学部
近畿福祉大学（2013年、神戸医療福祉大学に名称変更）	400	109.6	400	81.5	児童教育・英語コミュニケーション	➡ 社会福祉学部
広島安芸女子大学（2003年、閉校）	—	—	—	—	商学	➡ 経営学部

図表 5-2◆短大併置の改組転換

大学名	2004 年		2014 年		改組	
	定員	充足率（%）	定員	充足率（%）	学科名	学部名
新潟青陵大学	180	117.8	205	106.3	福祉心理 ➡	看護福祉心理学部
金城大学	290	100.5	290	86.2	ビジネス実務・美術・幼児教育 ➡	社会福祉学部
愛知工科大学	225	127.1	225	54.7	電子工学・自動車工業 ➡	工学部
名古屋産業大学	190	123.7	190	59.5	商・経営情報 ➡	環境情報ビジネス学部
平安女学院大学	435	58.2	180	65.6	英語コミュニケーション・生活 ➡	現代文化学部
京都創成大学（2010 年、成美大学に名称変更）	195	51.8	60	56.7	商経・家政 ➡	経営情報学部
大阪明浄大学（2006 年、大阪観光大学に名称変更）	190	108.4	190	65.8	英語・文芸 ➡	観光学部
長崎国際大学	380	非公表	460	88.5	保育・英語・食物 ➡	人間社会学部

名となる例からも見当がつく。医療系などを除けば、多くの新設大学の学部・学科構成は、受験生たちから敬遠されつつあった短大の学科を焼き直したものだった。

この前後の改組例でも、女子短大に多かった家政系の場合は「人間生活」や「健康生活」あるいは「現代生活」などの学部名へ、英文や国文などの人文系では、「国際」や「人間文化」などの学部名へ、また幼児教育は「人間科学」などの名称に変わったのであるが、後にみるように施設・設備も教員も、大学の名にふさわしく変わったわけでない。

既存の大学が学部・学科の改組や規模拡大などの改革の動きを速めている時期に、これらの新設大学はさしたる用意もなく大学という市場に参入したのである。多くは大学という名を得たことで満足した。体力のある有力私大が激しい競争を繰り広げていた競技場で、貧弱な体力の新参の大学が初めから周回遅れで走り始めたのである。大学の定員割れは九〇年代末から一挙に目立つようになったのだが、実際のところは、「定員割れしていた短大」が、そのまま「定員を充足できない大学」に姿を変えたという面が強かったのである。

また名称変更が多いのも特徴のひとつである。近畿福祉大学のほか、松蔭女子大学は〇四年に共学化に伴って松蔭大学に変わった。その他にも日本橋学館大学は一五年に小学校と中学・高校を経営している学校法人開智学園の支配下に入り、開智国際大学に変更された。富士常葉大学は、一三年に常葉大学の「富士キャンパス」となった。短大併置の大学のなかでも、京都創成大学は、一〇年に成美大学に、大阪明浄大学が〇六年に大阪観光大学に変わっている。元の名称と全く異なる名称が採用される例も少なくなく、信頼される大学の条件としてのブランド力を高める以前の段階のようにみえる。

負の遺産

短大から改組転換した大学は、三年制の看護短大などの医療系は別として、その多くが四大化によっても志願者をつなぎ留めることはできなかった。改組転換した短大の多くは、短大離れを加速していた女子生徒たちが敬遠するようになっていた学科を学部に改組したにすぎなかったからである。その他にも短大の負の遺産とも言える以下のような多くの問題は、大学の実質を備えるうえで大きな障害となっていた。

施設・設備◆短大の多くは小規模である。入学定員二〇〇～三〇〇人程度がもっとも多い。大都市圏の公立高校の標準的規模は学年八クラス、教員を合わせて一〇〇〇人程度の所帯である。一般的な二年課程の短大であれば、これより小規模で、短大キャンパスは公立高校よりも狭いと考えて間違いない。しかも本多二朗によれば五九年当時のデータでは、短大の九割以上は校舎が文部省の定めた基準を下回り、校地面積でも八割以上で基準が満たされていなかった。多くは最低基準さえ満たしていなかったのである。その後さらに多くの短大が開設されるが、改善の動きはなく、施設・設備は一般的に貧弱だった。

四年制大学開設に際して、キャンパスの大幅な整備を行なったところは少ない。九八年の「私学経営情報」の資料によれば、四年制大学開設の際に、新たに校地を取得したのは約四分一（二七パーセント）にとどまり、校舎面積を拡大したのも五五パーセントと、半数近くは校舎の拡張さえしないまま四大化している。完成年度までには多少の拡張をした大学も多かったであろうが、広くもない敷地に一棟か二棟の校舎を加える程度のキャンパス整備が一般的だったのである。基本的には短大開設時の老朽化の進んだ校舎をそのまま利用することになり、貧弱な施設・設備は学生募集のうえで大きな障害となったであろう。

組織的摩擦◆短大を併置した場合は、短大と四年制大学の摩擦が大学運営を困難にする。教員と学生の日常的な動きひとつとっても、短大と大学とは大きく異なる。家政や児童教育などの実習の比重が大きい短大の学科の動きは、四大のそれとは相当に異質である。同じキャンパスに同居すれば、相互の間に物理的、心理的な摩擦も発生する。

短大と高校以下の学校のキャンパスが隣接し、さらにそこに四大が開設されるケースも少なくない。その場合、グラウンドの利用だけでも悩ましい問題が生ずる。一般には学習指導要領によって授業時間数が決められている中学高校の体育の授業と部活動が優先されるが、大学と短大では教員の力関係で決まり、多くはプライドの高い大学側が優先権を確保すると言われる。それらの日常的な摩擦は、大学の生き残りのための中長期的な改革を検討する際に障害となって表れるであろう。

物理的な条件をめぐる摩擦は、費用をかけて施設・設備を拡充することによってある程度は解決するとしても、心理的な摩擦はより深刻である。実習を中心とした職業的な教育を中心とし、研究よりも教育に重きを置く短大の教員と、研究者であることにプライドをもつ四大の教員が、教授会などでも同席して大学運営にかかわるのである。そこに生まれる摩擦は容易に解消することはできない。学園の一体的な運営は難しくなる。

教育・研究体制◆一部の例外を除けば、四大への改組転換に際して多くの学校法人は短大教員の雇用を守ることを原則とし、大学の教員組織は短大教員をベースとしたものとなった。「私学経営情報」が行なった、改組した五〇あまりの大学へのアンケート結果では、新しい四大の教員組織は、短大の移籍組と外部の新たな採用組とがほぼ一対一であったと報告されている。つまり統計的にも短大教員の多くが四大に移っているのである。

改組の際、短大の教員が自動的に大学教員になれるわけではない。大学の科目担当の適合性については、個々に文科省の科目適合性の審査を受ける。その際に不適合とされた教員に退職が勧告された例もあるが、多くの場合、温情主義的に雇用を守ろうとした。たとえば「総合研究所」などを設置し、審査を通らなかった教員には研究所で「業績」をつくる時間を与えたりしたのである。もっと怪しい話もある。九〇年代後半に開催された私大職員の研修会の席で、審査についての不安を抱えた学校関係者の質問に、すでに改組した法人の関係者から「改組転換の場合は、教員審査においては現実的な対応をしていただけると思います」（傍点は引用者）と回答されている。一般の教員審査よりは条件が緩やかであったと思われ、実際にも短大教員がそっくり大学に移籍している事例も多く確認できるのである。

それでも新たに増える科目の多くには、担当できる教員を外から呼ばなければならない。多くの大学で採用された方法が、国立大学などの定年退職者を招く方法であった。一般的に彼らは、学会活動歴や研究業績が十分にあるから審査に通りやすく、教員組織の体裁を整えることができる。しかし彼らの在職期間は、せいぜい数年程度である。時間的にもまた学生のレベルからしても、後継者を育てる意欲をもって教育にあたる人は少ない。当人たちも、定年まで大学教授の肩書と一定の給与を保障されればいいのである。

高齢教員に代わって若手教員が入ってくれば研究も教育も活性化するのであるが、九〇年代はまだ既存の有力私大が臨定や学部再編に対応した教員採用を積極的に行なっており、新設私大が思うように優秀な若手を確保できる環境にはなかった。またこれらの大学では、短大時代と同様、公募によって優秀な人材を集める考えはもとよりなく、理事長や学長による恣意的な人事が行なわれる場合も多かった。

五九年の調査であるが、本多二朗によれば、教員人事が教授会の決定どおり行なわれていた短大は五パーセントしかなく、四二パーセントは学長や理事長の専決であった。理事長たちのなかには大学を私物化し、研究教育の業績とは無関係に個人的に親しい人物を採用して自分の周りを固めようとした人物も少なくなかったのである。教育研究機関というより互助組織といったほうがふさわしい。当然、研究・教育への取り組みも期待できず、紀要類がまったく発行されていない短大さえもが三九パーセントもあった。

教授職の者が退職していき、理事などの推挙によって業績の不十分な人物が助教や講師として教員組織に加わることが繰り返されると、大学設置基準の「教員数の半数以上は原則として教授とする」の規定に抵触することになる。弱小私大とはいえ、学内での准教授や教授への昇任の条件は学則によって定められている。著作や論文あるいは学会報告などの研究業績が一定数に達することが求められるのだが、研究能力を評価されて採用されたわけではない人物が必要な業績を積み上げられるはずもない。学長らは苦し紛れに業績を作り出して昇任させていくことになる。査読もなく誰も読まない学内紀要にそれらしい論稿を書かせる、また基準の曖昧な教育活動にポイントを付与する、あるいは学術的な価値のまったくない出版物や雑文があれば、それらを業績として拾ってくるなど、実質的な業績のない教員が学内事情によって教授に昇格していくという、笑うに笑えない情景が繰り返されることになる。あたかも「大学ごっこ」の様相を呈してくるのである。

他大学から定年でもない経験者が応募してくる場合も油断はできない。国公立大学や大手私大より研究環境や待遇の劣る新設大学に、キャリアの途中でわざわざ移籍してくるのは、それなりの事情があるのである。中年以上であれば学内の勢力争いに負けて前任校に居づらくなった人物である可能性もある。そのような人物は研究よりは学内政治が好きだから、世間知らずの短大からの教員を相手に派閥づくりに励むことになる。大学にとっていいことはない。また比較的若い教員では、金銭トラブルやセクシュアル・ハラスメントなどの不祥事を起こして前任校を退職せざるをえなかった人物もありうるのである。

したがって、教員の構成として好ましい状態ではない。研究者としてはとうにピークを過ぎて、後継者を育てようとする教育の動機も乏しい高齢教員、その下に短大から移ってきた、一般的には研究者としては通用しにくい教員が構える。高齢教員は数年で入れ替わることもあり、大学運営は古くからの短大教員たちのペースで進められる。研究活動で外の空気に触れることも少ない教員たちによって形成されてきた閉鎖的な文化は容易に変わるものではない。しかも短大の基本単位は学部ではなく学科である。せいぜい十数人の学科はひとつの小宇宙を形成しているので、大学になって形式上は学部構成が整えられていても、彼らには学科単位でしか物事を考えられない。

国立大学に倣った学部組織体制が私立大学の改革を難しくしていると指摘されているが、これらの大学では学部の壁どころか学科の壁が立ちはだかるのである。大学改革にとっては致命的な障害になりかねない。しかし外部から来た教員が疑問を感じて口を出そうものなら、古手教員からの強烈な排斥を受けることは確実だ。カリキュラムの見直しに名を借り、攻撃目標とする教員の担当科目を廃止し、大学に居られなくするといった陰湿な仕打ちさえ珍しくはない。まともな教員ほど、腫れ物に触るような態度をとりながら他大学への脱出の機会を探ることになる。

それでも二〇〇〇年代に入ると大手私大の採用人事も一段落したうえ、大学院重点化によって博士号保有者が大量に生み出され、新設私大にも応募者が殺到するようになる。しかしせっかく採用された優秀な若手教員は、古手の教員たちから雑務の多い仕事を一方的に押しつけられるうえ、少なくとも高校以来、自分の周囲にはいなかった学力レベルの学生を相手に授業をしなければならない。国公立大学や有力私大への移籍を急ぎたい、という気持ちになるのは責められない。

この教員構成は、九〇年代から二〇〇〇年代に定員割れが進むなかで、何も対応できずに衰弱するように消えていった短大とほとんど同じ構造である。高齢教員たちは、自分たちの定年までは「持つだろう」と考え、あえて摩擦を起こしてまで改革に取り組むつもりはない。若手は「腰かけ」のつもりだから、所属する大学の将来のあり方を考えるつもりはない。短大時代からの教員は「どうにかなってきた」と思っているし、外部の世界を見ようとしないから、目の前に危機が迫っていても危機感が薄い。凡庸な経営陣のもとで、何の手も打てないまま学生募集は先細りになり、経営は行き詰まる。現在、短大から改組転換した新設大学のかなりの部分は同じ宿病を抱えているはずだ。

カリキュラム◆短大の多くは職業教育、実際生活に役立つことを目的としていたため、教員の意識は研究者であるよりは、専門学校の教員に近く、厚生労働省や経済産業省など、資格に関する監督省庁に指定された科目をそろえることがカリキュラム編成だと考える傾向が強い。当然、新たな教育プログラムの開発もあまり期待できない。たとえば大学であれば、さまざまな海外研修プログラムも用意されるものであるが、国際的な研究活動の経験のない教員に海外の教育機関と連携した教育プログラムの開発は無理である。逆に募集パンフレットなどで海外研修や短期留学を大々的にうたっている小規模大学の場合は、自らの考えで提携先や教育プログラムを用意するわけではなく、旅行代理店に任せっきりの場合も少なくない。要は経営者たちのバックマージンねらいなのである。これらの大学に魅力ある教育の充実が期待できることは少ない。

二〇〇〇年代以降、学部教育の目的の再検討が求められ、「学士力」などの概念が示され、教養教育の重要性が見直されてきた。九一年の大学設置基準の大綱化により教養課程の縛りがなくなったが、そのことへの反省の意味もあったのである。これに伴って、新入生たちの大学教育へ適応を図るために初年次教育の必要性が強調されるようになり、各大学で初年次教育の取り組みが進められるようになった。しかしその教養教育こそが、短大の一番不得意とする部分でもあった。

家政系や幼児教育系などの学部・学科では短大時代の硬直したカリキュラムを見直すことに消極的である。これらの分野では短大時代も二年間で必要な単位修得のために、午前から夕方まで授業が埋まり、その合間に実習が入るカリキュラムとなっていた。教員にも、慌ただしい時間割によって学生を管理するという発想が強かった。四大化によって教養教育を充実させようと考えるよりは、短大の延長線上で、同じ資格でもより上級の資格を取るために必要な単位を増加することで対応したのである。資格に必要な科目で学生を縛るという発想から、彼らが自由になるのは困難である。高校生たちにとって魅力ある教育の実現からは遠い状態が続くことになる。

経営者（理事長）◆大学への改組転換を決断した経営者の動機は、短大の定員割れの解消であり、また大学までの一貫教育体制をもつ学校法人であるという見栄だったのであり、どのような大学をつくるか、どのような教育を行なうかは、優先順位の低いことだった。清水義弘は先の著書のなかで以下のように述べている。

［四大化の］の決断は、私学に多いオーナー経営者にとっては、いともたやすい。彼は理事長と学長を兼ねる「双頭の鷲」であり、オールマイティーである。内外に「一貫教育の完

成」を宣言すればよいのである。では、この「経営第一主義」から、どんな大学が生まれるのか。まず「一貫教育」の美名を掲げていても、もとよりその中味は、実利である。羊頭狗肉に近い。これは大学をステータス・シンボルとして、学生を集める手段にすぎないのだ。しかし、虚名はいつまでも続く訳がない。［中略］「経営第一主義」からすれば、中味はどうでも要するに学園に大学があればよいのである。大学は、「一貫教育」のお飾りなのである。問題は大学の管理運営である。当然、大学は短大と同じく、「双頭の鷲」の支配下に置かれる。教学主導は絶対にあり得ない。厳しい勤務条件のもとで、研究・教育が圧迫される。教授は、文字どおり「教授」に専念せざるをえない。教歴の長い教授は平気だろうが、若い助教授や講師にとっては、これは「忍の一字」である。

その後に陸続と出現した大学の内情を実に正確に見通していた。短大では理事長が学長を兼任することが多く、形は大学となっても、一般規模の高校よりも小さな教員組織が大学運営や勤務条件をめぐって理事長らと対等に交渉するだけの力をもつことはありえない。もともと研究者であるよりも、経営者たちと何らかのつながりで親しい関係であり、研究者としてよりも職業教育に従事する仕事に就いたという意識が強い。彼らは中途半端な存在であり高等教育を担っているという自覚さえ乏しいのである。

大学を持ちたいという動機だけで大学を開設する理事長の学校法人が健全であることは難しい。古くからの有力私大と異なって、理事会は親族関係や宗教組織関係などの閉鎖的な集団によって構成されていることが多く、資金の余裕があったとしても、学生のための施設・設備の改善に回すよりは、創立者記念あるいは宗教的な施設の建設を優先させる。ますます高校生たちから敬遠されることになるのである。

学校法人をめぐっては不正経理のニュースが絶えないが、弱小私大の場合は、親族などの狭い範囲の人物間での金銭のやり取りなど、身内の不祥事であることが多い。一五年末、嘉悦学園、西武文理学園と、相次いで不祥事が発覚している。いずれも理事長の親族に対する多額の不適切な支出が明るみに出た。西武文理学園の問題を報ずる新聞は、学校法人の会計について「役員らの私的な支出を経費にしているなどとして、給与からの源泉徴収漏れを指摘される学校法人は少なくない」との国税庁の情報を紹介している。税務調査を受けた三三八法人のうち、七〇・四パーセントにあたる二三八法人で所得税の徴収漏れが見つかったという。この会計の不透明さは、公教育の一翼を担う法人としての適格性を疑わせるものである。この二つの学園の場合は内部告発があっただけ、組織の健全性が残されていると言えるのであって、不透明さは振興事業団の調査(一五年)にも表れている。

大学・短大を運営する法人(回答数一七五件)の理事長の役員報酬額についての質問に対し

て、三〇パーセント近くの五一件は未記入となっていた。公表を憚る額であると推測せざるをえない。具体的な額を回答している法人では、一〇〇〇万～一五〇〇万円未満が二八件、一五〇〇万～二〇〇〇万円未満が一六件、二〇〇〇万～三〇〇〇万円未満が一四件と、この三区分で回答数の三分の一であった。また理事や監事の報酬についても未記入となっている法人が多い。理事や監事に相当額の報酬を提供することによって、批判的な声を抑え、理事長の地位を守る体制を固めている様子を疑わざるをえないのである。

4 学生募集の限界

短大と四大の違い

短大の学生募集は基本的にローカルである。一部のブランド的な地位にある短大を除けば、基本的には通学可能な狭い範囲からの入学者である。募集のための広報活動もおのずから近隣の高校回りが中心となる。もともと中学高校の経営から始まった法人が多い。中学校の生徒募集であれば有力な塾とのパイプ、高校の生徒募集であれば、多くの府県で「公私協定」などで私学のシェアが確保され、やはり塾とのパイプを確保していれば安定した生徒募集ができる。

そのため大学の学生募集が、高校や短大とはまったく異質な環境であることを理解できないまま、大学経営に乗り出したものが多いと考えられ、彼らには学生募集が不調になっても大学を取り巻く環境を理解できないのである。そのような経営者が不調の原因を、職員の怠慢に求めることになるのは自然だろう。四年制大学になって募集定員も拡大すれば、予備校や教育情報企業によるランキングや偏差値の評価の土俵に上がることになる。教育情報企業からはウェブや紙媒体への広告掲載の勧誘が当然のように来て、一社あたり数百万円から一〇〇〇万円単位での広告費の支出を迫られることになる。

しかし、四大としてウェブ上にもっともらしい情報が載せられても、遠隔地はもちろん地元でさえも、あまり名前を知られていない大学に第一希望で応募してくる受験生は少ない。大手教育情報企業のウェブサイトに大学の情報が掲載されても、その効果は期待できない。その一方で短大時代の、靴底を減らしながらの学校回りという根性主義は身に着いた習性になっているから、デジタル手法と泥臭いアナログ手法の対照的な、しかし効果の薄い二本立てで学生募集活動をすることになる。第一希望とする受験生はもちろん、第二希望とする受験生さえ得られないまま、学生募集は先細りになっていく。

大学をもちたいという動機だけで大学を開設した理事長たちには、自分の経営する小さな四年制大学がどのような学生を集めるべきか、そのための学生募集の戦略をどうすればいいか、思いを巡らすことができない者が多いのだろう。学部・学科構成も短大時代の焼き直しでしかなければ、高校生たちにアピールするポイントはなく、募集活動にあたる職員も高校側や受験生たちになにを伝えればよいのかわからない。広報のしようがないのだが、応募者が減り定員割れが進むなかで、広告企業への無駄な支出が継続されることになる。その費用を支出するくらいならば、若い教員を二、三人でも採用して、しっかりとした初年次教育を施す体制を整えたほうが学生募集にもつながるのであるが、貧すれば鈍す、なのである。

戦略と人材の欠如

すでに有力私大の間ではさまざまな仕掛けを用意して、存立を賭けた生存競争が激化している。大手の有力私大の多くが、優秀な学生に特待生として給付型の奨学金を与えている。だいたい成績上位一〇パーセント程度の学生に対しては、授業料を一年単位で免除しているケースが多いと言われる。一種の所得の再分配を私大の内部で行なっているのである。

最近の中堅の中規模大学で見られるようになっているのは、学部・学科の枠を越えて成績優秀者を集めた特別クラスを編成し、この学生たちには無料か低廉な費用で、難関の資格取得や公務員採用試験などのための教育を提供するというプログラムである。専任教員による選抜クラスの授業のほか、資格試験対策の専門学校の正課外の授業を学内で提供するパターンが多い。

神戸市にある流通科学大学では、「勉学意欲が旺盛で、さらに能力アップをめざす意志の高い学生を対象とした、優秀な人材を育成するクラスです」として、文字どおり「特別クラス」を設定している。商学部、総合政策学部、サービス産業学部から学部横断で六〇人を選抜し、二年生からの三年間、特別の教育を提供している。公認会計士などの資格取得者を出すことと同時に、流通業界における卒業生のネットワークのコアとなる人材を育てることを目的としていると思われる。私立高校などで見られる「特別進学クラス」に近い役割を果たしている。この方法も、教育プログラムを提供し始めてから、目に見える成果が出るまでは最低でも四年はかかる。近視眼的な理事長や学長には真似できない戦略である。

また近年の大学改革においては、高度な能力をもつ職員の役割の重要性が強調されている。教員は基本的に自己の研究領域についての専門性を高めることが期待されているが、学部・学科の再編など、大学改革の方向性についての見識を求められるわけではない。その点、職員は文科省の政策や周辺の大学の動向などについての情報を集め、自分の大学の立ち位置について客観的な判断ができる立場にある。さらに、ラーニングコモンズに代表される新しい施設・設備についても、他大学の職員との情報交換などを通じて資料収集をする機会がある。

職員のモラールを高め、彼らの能力を生かすも殺すも理事長なのであるが、多くの弱小私大では、大学職員という位置づけさえ満足になされていない。系列の中高などの、事務部門との人事交流と言えば聞こえはいいが、家内企業経営程度の意識の理事長による恣意的な人事が繰り返されては、大学運営に必要な知識や能力をもった職員が育つことは難しい。大学が競争的な環境に置かれ、小規模大学ほど機動性を生かして適宜、適切な改革を遂行する可能性があるにもかかわらず、小心で経営能力の疑わしい経営者の下では、職員の間でも前例踏襲の事なかれ主義が蔓延ることになる。小さいなりに官僚主義的な硬直化が起き、何事も迅速にことが運ぶことはない。

矛盾する一貫教育体制

大学経営者たちにとっては、四年制大学を開設し一貫教育体制の体裁を整えるという長年の念願を実現したとしても、それは初めから矛盾を抱えている。法人グループ内の高校卒業生が新たに開設された系列の大学に進むか、と言えば否定的である。中高一貫教育をうたった私立学校はほぼ例外なく、知名度のより高い有力大学への進学実績を強調して生徒募集をしている。高校側としても、生徒に系列の新設無名大学への進学を勧めるわけにはいかない。学力不振で大学受験競争に耐えられない生徒の受け皿程度の利用価値はあっても、系列の大学に多数の進学者を出しているということが中学受験生に知られれば、自らの首を絞めることになるからである。

このジレンマは、四年制大学を抱える前からわかっていたはずなのであるが、すでに指摘してきたように、学生募集が行き詰まった短大の「潰し方」として、多くの学校法人は四大化の道を選んでしまったのである。そして何よりも、理事長たちの虚栄心が冷静な判断を鈍らせたのであろう。ここに来て、大学が大きな荷物になっている学校法人が多いはずである。

5 「限界大学」の大量出現

短大の多くが四年制大学へ改組転換した。その多くが短大という尻尾を残しての転身であり、「頭」の形は大学になったものの、短大文化が染みついた経営陣や教員という胴体と尻尾こそが実体であり、多くの大学は、その名にふさわしいものになりきれなかったのである。ゴールデンセブン直後の受験競争の波が残っている間はまだ志願者を集められても、その波が消えると、たちまち定員割れに追い込まれた。

定員割れ大学の増加の最大の要因は、「破綻しつつあった短大」が「破綻に瀕する大学」に移行したことである。九〇年代半ばより短大が相次いで四大市場に参入したが（図表5-3）、そのため同じ学力層の高校生を、より多くの大学間で奪い合わざるをえなくなり、それまでかろうじて定員を確保していた弱小私大も定員充足が困難になったのである。九〇年代には二〇〜三〇校

図表 5-3 ◆ 4 年制大学開設等に伴い全学科の学生募集を停止した私立短大数

年	1990	1991	1992	1993	1994	1995	1996	1997	1998
件数	3	2	3	4	5	7	8	6	15
年	1999	2000	2001	2002	2003	2004	2005	2006	
件数	15	23	13	17	19	19	15	12	

出典：「短期大学教育」63 号

で推移していた定員割れ大学数は、短大の四大化がピークに達した〇〇年代に一気に拡大し、〇八年には二六六校にまで急増した。

しかし短大から四大化した大学のなかにも、経営者や運営者たちの間で中長期的な計画が共有され、自らの大学の役割について常に自己点検を怠らずに大学運営に取り組んできた大学もある。それらの大学は、高校生あるいは地域社会から支持され、学生募集にも着実な手応えを得ている。中長期的な計画をもって改革に取り組み、大学規模を大きくして中堅大学としての地位を確保した大学、地域に密着した細やかな改革を積み上げることによって地域の高校の支持を確保した大学などである。成功した改革の中心には必ず、忍び寄る危機の本質を早い段階で的確に見極める能力をもち、あるべき改革の方向性を堅持する人びとがいた。それらの大学と多くの弱小私大とは何が違ったのか。次の章ではいくつかの事例を取り上げ、大学未満にとどまることなく大学としての内実を得た大学の条件を検討する。

第6章

新たな大学像

1 総合大学への飛躍——武蔵野大学

武蔵野大学は受験バブルがはじけるころまで東京の郊外に位置する、入学定員二〇〇人の文学部のみの単科女子大学と家政系と幼児教育系の入学定員四〇〇人の短期大学部という、短大に重点のある典型的な「お嬢さま大学」であった。六五年には大学が開設されていたという点を除けば、本書が取り上げてきた「弱小私大」に近い大学であった。大学よりも定員の大きかった短大を廃止しながら総合大学になったという点で、紹介する意味があるだろう。

武蔵野女子大学は、九八年以降〇三年度までに短大の全学科で学生募集を停止し、〇六年にはすべてを廃止した。その間に共学化し、女子大というニッチ型から脱し、理系学部を含む九学部からなる総合大学に大きく変身した。一六年には入学定員二〇〇〇人を超え、二つのキャンパスからなる総合大学に成長し、総定員数でも短大を併設していた時代の四倍強の規模となっている。

改革前は、文学部の大学と文科、家政、幼児教育の学科をもつ短大をもつ郊外型の女子大学であり、ゴールデンセブンが終わるころには、時代に取り残されて実質的な競争倍率が二倍まで落ち込むという危機的状況に陥っていた。とくに入学定員の大きな短大の入学志願者の急減による経営危機のなかで、短大の学科増設程度のマイナーな改革を求めた教授会の保守的な姿勢に対し、理事会側の強い危機感があり、紛糾の末に理事会主導で大学の将来計画が構築されてきた。八〇年代末、理事会のなかに大学の将来像を集中的に討議する「基本問題検討委員会」が設置され、短大からの定員振替による新学部設置案が理事会に答申された。その後、教授会への説明が粘り強く行なわれたが、現状維持を求める教授会は、九六年の学長選挙で、理事会の推薦する候補ではなく、教授会推薦の候補を当選させるなど理事会と教授会との対立は激化した。しかし理事会側は、「実践性や専門性を強化する」という方針を打ち出し、短大の一部学科を廃止しつつ、大学を抜本的に改革する方針を貫いた。理事会主導の運営方針を明確にするため、規程などの制定の権限や人事任命権について、規程に明記するなどの体制整備を行ない、九八年には新学部の開設を実現させた。〇二年には学内にブランド構築プロジェクトを発足させ、共学後の武蔵野大学らしさについての議論も徹底した。

志願者の減少という危機をきっかけに、学内で戦略を作成し、これに沿って改革を進め、規模拡大とともに財政を安定化させた点において、戦略的拡大を行なった典型的な成功例のひとつと位置づけられるだろう。

改革の動きは以下のとおり実に目まぐるしいが、思いつきで右往左往したのではなく、九〇年代に集中的に中長期的計画を練り、理事会を中心に幹部教職員の間に改革の理念が共有されたから実現できた改革である。

一九九八年　現代社会学部を開設
一九九九年　人間関係学部（文学部人間関係学科を改組）開設
二〇〇〇年　短期大学二学科募集停止
二〇〇三年　武蔵野大学に名称変更、短期大学廃止
二〇〇四年　共学化、薬学部薬学科開設
二〇〇六年　看護学部開設
二〇〇八年　政治経済学部を開設（現代社会学部を改称・改組）
二〇〇九年　環境学部環境学科を開設（人間関係学部環境学科を改組）
二〇一一年　グローバル・コミュニケーション学部（文学部英語・英米文学科を改組）
　　　　　　教育学部を開設（人間関係学部児童学科を改組）
二〇一二年　東京臨海副都心の有明地区に有明キャンパス開設
　　　　　　人間関係学部を人間科学部に改称
二〇一四年　法学部および経済学部を開設（政治経済学部を改組）
二〇一五年　環境学部を工学部に改称

二〇一六年　グローバル・コミュニケーション学部をグローバル学部に拡大改組

一五年度には、法学部（定員二五〇）、経済学部（同三〇〇）、文学部（同一八三）、教育学部（同二〇〇）、人間科学部（同三一〇）、グローバル・コミュニケーション学部（同二二〇）、看護学部（同一二〇）、薬学部（同一四五）、工学部（同二〇〇）の九学部からなる総合大学となり、同年度の在学者の男子比率は三六パーセントを超え、女子大のイメージもほぼ払拭されている。

最初に開設された現代社会学部の開設数年前から教育学の研究者として多くの実績をもっていた潮木守一などがかかわって構想が検討され、学部開設とともに潮木が学部長として就任した。潮木には、カリキュラムと海外のスタディ・ツアーなどの特別教育プログラムの開発も委ね、この学部は完成年度の翌年に共学化し、男子学生の受け皿ともなったのである。

潮木は学部創設にあたって、「企業社会のなかで、一人前の企業人、社会人、市民として、自立して行動できる女性を育成する」ことを繰り返して強調したという（『大学再生への具体像』）。この「女性」を「人」に変えれば、そのまま共学に変えられるのである。その具体的内容としては、現代社会の解決すべき課題の理解、自分の思っていることを表現できる英語力の体得、コンピュータ・スキルの習得、学んだことをボランティア活動などのかたちで行動に移す、の四点だったという。これらの教育目標の設定は、この時期に学部・学科を改組した他の女子大にも影響を与えている。

学部新設という新しい一歩を踏み出した大学にとって、大きな試練だったのは一期生たちの就職であった。文学部のみの女子単科大学であったため、就職の良し悪しは大学としてもあまり重要視されていなかった。しかし、共学化と総合大学化を中長期目標とする大学にとって、最初の現代社会学部の卒業生たちの就職結果は、高校や保護者の評価を決定づける。

大学がとった方法は、東京近郊という立地から、大学周辺の住民のなかには大手企業で人事の経験豊富な退職者が多くいると考え、それらの人材をリクルートして、学生の指導と就職先の開拓を任せることだった。大学職員たちの提案であったという。七人募集のところに一三三人の応募があり、選りすぐりのスタッフが学生の指導から就職先の開発までフルに活動して、就職氷河期の女子大でありながら第一期生の就職率は九五パーセントに達した。当時は、それほど目立たない女子大であり、就職戦線ではほとんど無名の大学であり、また文学部の女子単科大学であったことから、高校側からも一般的な受験先としては認識されていなかったのである。

これだけの大変革を遂行するうえで、学内に激しい摩擦が起きたことは想像に難くない。改革成功の要因は、なによりも経営陣の間に、女子大というニッチ大学から共学の総合大学に発展させるという中長期的将来像が共有されていたことである。第二に、もっとも重要なターニングポイントとなった新設学部を、開設の数年前から信頼関係を築いていた、研究者として実力があり、広い人脈をもった学外の人物に全面的に委ねたことである。第三に、改革のスピードを速めることによって、総合大学への移行のなかで短大組織を解体したことである。第四に、従来の事務職員に外部からの職員も加えて、事務職員の能力開発を進めたことである。

最初の現代社会学部の成功がなければ、その後の武蔵野大学の発展計画はすべてが画餅に帰したはずである。現在は、予備校の算出する偏差値においても、薬学部と看護学部の五八をはじめ、ほとんどの学部・学科で偏差値五〇〜五五程度の評価を得て、一般入試の倍率も二・四倍（法学部）から一〇・七倍（薬学部）と確実に中堅私大としての地位を築いている。

またカリキュラム開発にも積極的である。有明キャンパスの開設に合わせて、一年次生のすべてが共通して学ぶ武蔵野キャンパスで「武蔵野ＢＡＳＩＳ」という初年次教育を導入している。学部学科をシャッフルして横断的なクラス編成を行ない、多様な志向をもった学生間で刺激を与え合いながらの学習活動を経験することになる。その内容は相当にハードである。中世ヨーロッパの大学の自由七科をイメージしたもので、哲学、現代学、数理学、世界文学、社会学、地球学、歴史学の七分野で教養教育を受ける。教員も他の学部組織と並んだ「教養教育部会」の組織が置かれ、専任の教員たちによる教育指導が行なわれている。大学の資料によれば、導入の効果のひとつに離学率の低下があったという。とくに二年次以降の退学率が下がった。不本意入学などの学生は初年次に退学し、武蔵野ＢＡＳＩＳで自信をつけた学生たちは、二年次以降の専門分野の学習への取り組みに積極的になったからだという。

ただし、一連の意欲的で大胆な改革が完成した段階の大学の姿には多少の違和感をもつ。改革の第一歩が、実践力の養成を教育目標の大きな柱のひとつとした領域横断型の現代社会学部の開設だったものが、総合大学となって旧来のオーソドックスな学部構成に落ち着いていることだ。他の大学が「情報」や「環境」あるいは「総合」などを掲げ、学問領域を超えて現代的な課題に取り組む新しいコンセプトの学部を創り出している流れとは逆方向になっているのではないか。現代社会学部の示した新しい教育の可能性を確実に引き継ぎながら、さらなる改革が進められることを期待したい。

2 計画的キャンパス開発——目白大学

目白大学の前身は六三年に都内に開設された英文・国文の教養系と家政系の学科からなる、入学定員が百数十人の小規模な女子短大であった。しかし一五年現在、短大も残しながら、六学部の男女共学、入学定員一三七〇人の中規模大学に成長している。

この大学の場合も、中長期的な目標が長期にわたって維持されており、短大の臨定などを利用しながら財政を強化し、四年制大学開設のために埼玉県さいたま市(当時は岩槻市)に校地を購入している。九四年に教養系の短大の学科を廃止して新校地に大学(人文学部)を開設した。交通の便に恵まれているわけでもなく、競合する新設大学も少なくない環境のなかで、比較的安定した学生募集を継続してきた。この新キャンパスは地理的にも本部から離れていることもあり、新しく外部からリクルートしてきた教員を核にした教学体制の整備を進めることによって、短大の文化が新設学部に持ち込まれることが抑えられたのが成功の一要因であっただろう。その後、土地利用の規制緩和により都内の本部キャンパスに新校舎の用意ができ、岩槻に設置されていた経営学部や外国語学部などの文系学部が都内に移された。

岩槻のキャンパスには〇五年に保健医療学部、その翌年に看護学部を新設し、さらに〇九年には看護学研究科のために埼玉県和光市の国立埼玉病院に隣接する地に三つ目のキャンパスを開設している。九〇年代半ばから現在まで、大きな破綻もなく拡大路線を進んできた。武蔵野大学ほどではないが、倍率も看護学部の二・七倍を最高に他学部のすべての学科で定員を充足している。ただし、新宿キャンパスには短大とさらに中学・高校までが、それほど広くない敷地に集中しており、多少の無理が生じているのではないかという懸念もある。

3 教員組織の刷新——名古屋外国語大学

女子短大や専門学校を経営していた名古屋の学校法人が、八八年に名古屋外国語大学を開設した。九四年には同一法人の経営する愛知女子短大の経営学科経営専攻をもとに大学に国際経営学部を増設、短大の経営専攻の募集を停止し、学部には国際経営コース、国際会計コース、国際関係コースの三専攻を置くことにした。各専攻の教員はすべて新学部教員として審査を受けることになった。新学部のスタート時の教員組織は、既設の外国語学部から五人、短大経営学科経営専攻から六人、産業界の国際経営経験者四人、国際経営、国際関係の外部の研究者五人、外国人の国際経営専門家三人、実用英語能力育成のためのネイティブ教員六人という陣容になった。これだけの教員構成になれば、短大にありがちな閉鎖的な文化が大学に持ち込まれることはない。

国際経営学部は〇四年に現代国際学部に模様替えして、国際ビジネス、現代英語、国際教養の三学科体制となり、海外研修を義務化するなど教育内容もいっそう充実させている。もともと洋裁学校からスタートした学校法人であり、地元では女子教育の学校というイメージが残っているためか、新たな学部も男女比は約一対四と、女子を中心として人気を集め、倍率は外国語学部よりも高くなっている。

短大の単なる改組転換という内向きの改革ではなく、大学として新たにどのような教育を提供するのか、外に開かれた改革であったことが成功のポイントであろう。一七年に世界共生学部（仮称）を新設すべく準備中である。一四年の入学定員は二学部八二〇人だが、学部を増設して一〇〇〇人を超える中堅大学としての地位を固めると思われる。臨定期に、女子短大を母体として四大に進出した大学としては、もっとも成功している一例である。女子の四大志向、社会志向に迅速に対応した学部・学科再編の結果であろう。

4 地域に根差す小規模大学

一二年六月に文科省が発表した「大学改革実行プラン」のなかで「大学ＣＯＣ（Center of Community）構想」が打ち出された。「地域の課題を直視して解決にあたる取り組みを支援し、大学の地域貢献に対する意識を高め、その教育研究機能の強化を図る」ことを目標とするものである。特殊な領域の教育研究に特化している大学は別として、中小規模の大学の多くにとって、地域社会のニーズに応える教育研究に徹することは、教育研究の質を高めながら地域での存在感を強めることになる。そのため、このプログラムに応募した私立大学数は初年度の一三年度には、共同申請も含めて一八〇校にのぼった。しかし採択校は一五校にとどまった。翌一四年度は一三八校の応募に対し一六校の採択であった。採択校のなかに群馬県前橋市にある入学定員二二五人の共愛学園前橋国際大学と長野県松本市にある入学定員三二〇人の松本大学があった。両者とも地域の諸課題に積極的にかかわることによって、地域での評価を高めて学生募集にも成果を挙げている。いずれも短大を母体とした新設大学である。

共愛学園前橋国際大学

共愛学園前橋国際大学（以下、前橋国際大学）は、一九九八年に短大を改組して国際社会学部の入学定員二五〇人の単科大学としてスタートした。前身である女子短大は八七年に開学した国際教養科のみの、短大としては標準的な規模の学校であった。学園自体は一八八八年、地元出身の新島襄の支援も受けながら、クリスチャンたちの手によって開設された高等女学校からの古い歴史をもっている。地域には戦前から戦後にかけて、共愛学園の中等教育を受けた多くの卒業生がおり、現在も中学校・高校が同じ敷地内にある。

短大と似た分野で四年制に転換したこと、地方都市にあるという点で、学生募集に行き詰まる典型的事例となるはずだった。事実、開学二年目には定員割れに陥った。しかし四年後には、定員充足率を一〇〇パーセント以上に回復させ、受験生の偏差値（代々木ゼミナール）が五〇前後にまで上昇するほどレベルの向上を実現させている。地元の高校や受験生からは、近隣の公立大学と肩を並べるほどの評価を得ている。

この大学が他の弱小私大と異なっている点は、地域の人材を確実に育て、地域の高校や高校生たちの支持を得るための大胆な手法を採用したことである。具体策のひとつは英検二級資格の保持者の授業料を四年間免除するという思い切った優遇策の採用である。あまり表だって取り上げられることはないが、私立大学間では学納金の実質的なダンピング競争が始まっている。弱小私立大学の多くでは、英語検定や漢字検定や情報検定の一定以上の資格によって入学金の一部免除や初年度納付金の一部減額などの優遇策をとって、少しでも優秀な学生を集めようとしているが、四年間学費免除という優遇策はほとんど例がない。ただし同大学も、一一年の入学者からは、英検二級あるいは同等の英語資格と日商簿記二級および情報処理技術者試験の資格取得者に対して、授業料免除は初年度のみに短縮している。それでも応募者数は減らなかった。それぞれの特技・能力を確実に伸ばす教育内容への信頼感が受験生の間に定着していたからであろう。

ちなみに英検二級は高校卒業程度ということになっているが、毎年約一〇万人が受験して、合格率は全体で二五パーセント程度であり、大学生でも三六パーセント程度、高校生では二三パーセント程度である。人一倍、英語学習に取り組んできた高校生たちが受験しても五人に一人の合格率なのである。偏差値で言えば五六程度になるとされる。TOEIC換算では六〇〇点前後とされているので、有力企業の採用の目安の最低ラインに近いレベルである。四年間の教育によって、国際的に展開している企業への就職も可能となる。

英検二級を取得している受験生は、偏差値計算からもわかるように国語科や社会科が極端に苦手でなければ、中堅大学への入学が可能な学力レベルである。前橋国際大学では、東京の有力私大に通学するのは地理的に難しいという立地から、地元の意欲的な学生を確保し、丁寧な教育を施して本人の希望する進路を実現させることによって、地域からの信頼を獲得する戦略をとった。

前橋国際大学では、学生の学力レベルの低下を防ぐため、定員割れが生じた際に募集定員を削減し、入学者の質の確保を優先させたのである。痩せ我慢の方策ではあるが、その間、教育に力を注いだ結果、卒業時の就職状況が好転して地域の信頼を確保し、応募者が回復すると、定員を戻すという柔軟な運営を行なった。

しかも、理事長、教員、事務職員の全員が出席する会議が機能し、人件費比率が一定以上になった場合、自動的に給与の減額を行なうことを決め、文字どおり全学的に危機意識が共有される体制ができたのである。そのため、応募者数の回復期に多少増えていた留学生を安易に増やさず、日本語能力や学力を日本人学生と同等のレベルを要求する妥協のない姿勢を維持できたのである。留学生の間の口コミで大学の姿勢が伝わったのであろう。その後はごく限られた実力のある少数の留学生のみが入学するようになっている。

このような教育活動は短期間に大学の評価を押し上げた。定員割れの危機に直面していた時期からわずか一〇年で「知（地）の拠点整備事業」（一四年）のほか、「グローバル人材育成推進事業」（一二年）、「大学教育再生加速プログラム」（一四年）、「地（知）の拠点大学による地方創生推進事業」（一五年）の四つの文科省の事業に採択されている。事業内容には地元の商工会議所などとのさまざまな連携事業も含まれ、また半数の学生が在学中に海外経験をするほどの留学支援も行なっている。これらの事業をわずか三十数人の教員組織で推進してきたのである。その教員は中小の私立大学にありがちな内輪の情実採用を排し、徹底した公募制で集めており、平均年齢も若い。それらの教員たちによって初めて、積極的な教育活動が可能になっていると思われる。

また大学のキャッチコピーは「ちょっと大変だけど実力がつく大学です」である。有力大学への受験競争に参加するほどの学力に自信がない高校生たちにとっても、またそのような高校生の進路指導にあたる高校の教員にとっても好ましい姿勢である。学生たちは学力レベルに関係なく、あるいは学力に不安を抱えている学生ほど、授業で自分たちが大切にされているか疎かにされているかを敏感に感じ取るものである。前橋国際大学は、自分たちの教育対象に正面から誠実に向き合う姿勢をとることを示す的確な言葉を選んだのである。

この大学組織の特徴のひとつは、教員募集にもみられる風通しのよさである。グループの中学高校も単なる一貫ではなく、高校からの入学クラスを設置して多様な生徒が学ぶ環境がある。キリスト教科目が必修であるなど、キリスト教は教育の重要な柱とはなっているが、教職員にクリスチャン・コードが明文化されていない。ミッション系の大学ではしばしば、教員の採用あるいは役職への就任の条件としてキリスト者であることを条件としている。しかし、それはしばしば、信仰の名を借りた排他的な利益者共同体を形成することになっている。

また一般の大学では教務部や学生部などの教員組織が主としてあって、これに職員組織が従として実務を担当するかたちになっているが、前橋国際大学では、教職員が一体化し、部の責任者が教員か事務職員かは互選で選ばれる。この開放的な雰囲気は、この大学が機能的に行動する原動力となっている。理事長や学長などの人物次第では、逆に活力を欠き淀んだ組織にもなりかねないのであるが、ここではそれを免れている。最後にもうひとつ指摘するとすれば、短大自体が一〇年ほどの歴史しかない。四大への改組の際に、ビジネス現場の経験があり行動力のある教員を何人か加えている。短大の歴史が浅く人間関係が固まることがなかったことも、この大学にとってプラスになっているであろう。

松本大学

長野県は大学進学について特異な県である。進学率は全国平均より多少低い程度で、政令指定都市などの大都市がない県としては標準的なレベルであるが、自県収容率（全県大学進学者数に対する全県大学入学定員）が三八パーセントと、和歌山県と並んで全国最低なのである。それもあって、県内残留率（全県大学進学者数に占める県内大学への進学者数の割合）は一七・四パーセントしかない。もともと地元の大学の収容力が低いのであるが、長野県の高校生たちは、その大学にも進学していないのである。進学者の五〇パーセント近くは首都圏の一都三県の大学に進んでいる。

山がちの地形で大学が分散しているなどの事情があるのだろうが、長野県の大学は県内の高校生たちの期待に応えているとは言えないのが実状である。そのなかで、松本大学は地域に密着した大学運営により、着実に地域の人びとや高校生たちの期待に応える大学として発展しつつある。

松本大学の前身は十九世紀末に慶應義塾で福沢諭吉に学んだ人物が地元の松本で実業教育を広げるために設立した私塾である。その後、製糸業の片倉財閥の支援を受けながら、実業学校として多くの人材を送り出してきた。学校法人の松商学園は、それらの同窓生たちによって運営されている。戦後、一九五三年に短大を開設している。九二年には経営情報学科を増設している。その後、地域に企業経営者を送り出してきた歴史もあり、経営学を専門とする四年制大学構想が生まれてくる。松本市と長野県からの援助も受けながら、二〇〇二年に総合経営学部の単科大学として開設された。その後は、以下のとおりである。

二〇〇二年　総合経営学部総合経営学科を設置。
二〇〇六年　総合経営学部に観光ホスピタリティ学科を増設。
二〇〇七年　人間健康学部を開設。健康栄養学科およびスポーツ健康学科を設置。
二〇一七年　教育学部学校教育学科を開設（予定）。

教育学部開設の段階で、各学科の入学定員八〇人、大学四〇〇人と短大の二〇〇人の全体で六〇〇人規模となる。四年制大学拡大の過程で、一部の学科で定員割れを起こしているが、それも二年ほどで解消し、すべての学科で定員を上回る学生を確保している。また学生募集範囲を広げるため、通学の便を考えて、朝の授業開始時間を九時四〇分にするなどの工夫もしている。

松本大学には、短大を母体として四大に乗り出したケースとして、ほかと大きく異なる点が多い。第一に、短大と同様の名称の学部であるが、短大を四年制にすることだけで終わらせず、学部・学科の構想が徹底して議論されたことである。学部名の「総合」の内容は、「企業」「生活」「(地域) 産業」の三つが柱とされ、その後、地域産業から「観光」が独立して、観光と福祉などを柱とする「観光ホスピタリティ学科」が開設された。さらに福祉分野の研究として、体力と筋肉量を維持するための、高齢者にも容易に取り組める運動法の開発などから、スポーツ全般および子どもから高齢者までの健康を扱う学部の構想が生まれ、「人間健康学部」に発展している。高齢化の著しい山間部を抱えるとともにウィンタースポーツの盛んな長野県にとっては求められていた教育研究分野である。学部開設の際、健康栄養学科に管理栄養士の課程を用意した。社会的な必要性の高い資格であるにもかかわらず、県内には取得可能な大学がなかったのである。次いで同じく県内私学にはなかった教員養成の需要が見込まれることから、小学校教職と特別支援教員資格を取得できる教育学部の開設へと、学部・学科構成を発展させてきた。

第二に、短大が四大化する際には、第五章で指摘したように、校地や校舎の整備に積極的でなかった事例が多い。しかし松本大学では大学開設までに、隣接する土地を確保し、敷地は短大の四・三倍に広げ、校舎面積では五・八倍に拡大している。地元自治体からの支援があったとはいえ、四年制大学を開設するには大規模な施設・設備を用意することが当然だ、とする判断があったのである。四大化の課題には運動部の育成まで含まれていた。学生たちの大学への愛着心のよりどころのひとつとして、大学名を前面に出して活躍するスポーツ活動が必要だと考えたのである。実際には硬式野球部が育成され着実に実力をつけている。また健康人間学部の開設に伴って女子学生が増えたことから、女子のソフトボール部を強化部に指定している。山岳に囲まれた環境から、すでにスキーなどの個人競技では全国大会で活躍する選手を出している。

第三に、歴代の学長にその時々の必要に応じた人を得ていることである。弱小私大の多くは短大の教員や理事が学長になるケースも多いのだが、初代の学長には信州大学を定年退官したドイツ文学者を招いている。理事会メンバーには松商学園高校や短大のOBなどの企業人が多く、人事を含めて教育への関与が少ないことから、内部外部を問わず大学運営に適切な人物が就任している。初代学長は準備室のスタッフから、「大学開設の準備が進んでいるので、学長としては音頭さえとってもらえればいい」と言われ、「音頭をとるのは、諏訪大社の御柱祭りで慣れている」と引き受けた、と冗談交じりで振り返るような洒脱な人物である。大学といっても新設大学では高校時代に引きこもったり不登校になったりした学生も受け入れることになるとして、学生たちを自ら渓流釣りに連れて行って激励するなど行動的な学長であった。二代目の学長は松本市出身の文科省OBで開学から学部の増設期に重要な役割を果たしたものの任期途中に交通事故で亡くなられた。三代目学長は、理論物理学が専門ながら短大の教員として赴任してから大学開設に至るまで大学内のことを知り尽くしている住吉廣行氏である。もともとの専門のためか、住吉学長の管理運営に関する報告書をみていると、理科の実験レポートを読んでいる気分になるほど、精緻な分析に基づいて大学運営が行なわれていることがわかる。歴代学長にこれらの人物を得られなかったら、松本大学の発展は難しかったであろう。

第四に、前橋国際大学と同様に徹底して地域に密着した研究教育体制がとられていることである。松本大学の場合、初代学長が従来の大学教育の枠組みから自由な教育活動の柱のひとつとして正課内での「アウトキャンパス・スタディ」を掲げ、学生たちが大学キャンパスから積極的に出ていき、地域の人びとや自然のなかに学習課題を見出してくることを奨励した。現学長はそれを踏まえてさらに「帰納的教育手法」の語で、さまざまな現場での経験から学ぶ学習法を理論化している。学内に「地域づくり考房『ゆめ』」と「地域健康支援ステーション」が置かれ、地域から持ち込まれる依頼や要望を整理しながら共同事業に発展させる課題を次々と打ち出している。

前橋国際大学との共通点は、明治以来、地域の教育機関としての歴史があることである。一方はキリスト教の女子教育であり、一方は実業教育という違いがあり、地域の人びとからの親しみの持たれ方は異なるが、両者とも付属の中高などを経営し地域に定着している。大都市圏の中学受験生の獲得競争にしのぎを削っている私立学校とは異なる安定感がある。松本大学の九〇パーセントを優に超える就職率は、松商学園以来の同窓会組織の支援があって可能となっている。

5 公立大学問題

松本大学の最大の懸念材料は、長野県の県立大学開設と、一部の私大の公立化の動きである。松本大学が地域社会の必要に応えるかたちで、自助努力によって学部・学科の拡充を図ってきた時期、政治的な動きによって松本大学と競合する分野をもった県立大学の開設や定員割れに苦しむ複数の私大の公立化による救済策が検討されている。一六年十月には上田市にある長野大学の公立化が発表された。松本大学にとっては、県立大学の拡大や私大の公立化の実現は、直ちに学生募集にマイナスに働く。

私大の公立化の動きは各地で見られるが、私大よりも学費負担が軽くなり、将来的にも母校が消える不安がなくなることもあり、公立化した大学ではほとんど例外なく受験生の質と量ともに大きく改善される。その一方でセンター試験に参加することで国公立大学の偏差値序列に組み込まれる。その結果、国公立大学志願者が全国各地から応募してくるようになる。〇九年に県立となった高知工科大学では高知県出身の学生は二七・八パーセントと四分一程度にすぎない。四国のほかの三県を合わせても四七パーセントと、半分に満たないのである。やはり一〇年に公立となった沖縄の名桜大学でも、沖縄出身の学生が占める比率は四八・四パーセントである。

高等教育機関は、居住地だけでなく国籍も問わず、各専門分野の研究者のいるところに学びたい学生が集まるべきものである。本来であれば自県民の占有率を論ずるべきでないのだが、私大の公立移管を図ろうとする関係者は、必ずと言ってよいほど「地元の高校生の学ぶ機会を保障する」を大義名分とする。しかし、公立化すれば皮肉にも志願者の地域性は薄れることになる。また定員割れは、高校生や地域にとって魅力のない教育研究しか提供できなかったために生じているのである。教職員が一体となって、地域に求められる大学になるべく努力している前橋国際大学や松本大学などの大学がある一方で、政治的な動きによって定員割れの窮状から脱出しようとする大学もある。これでは、大学経営や運営の責任者として責任回避と言われても仕方あるまい。納税者としての県民の監視も必要だろう。

第7章

弱小私大と高校

1　バブル崩壊後の進路選択

現在、大学進学率は五〇パーセントを少し上回るレベルで推移しているが、さらに上昇するのか、あるいは低下することがありうるのか。進学率の動向は、定員割れに瀕する弱小私大にとっては最大の関心事であろう。進学率の上昇に望みを託す向きもあるようだが、大学進学率は戦後一貫して上昇してきたわけではない。戦後も一九六〇年頃まで、過年度卒を含む大学進学率（短大を除く）は昭和初期とほぼ同じ水準の一〇パーセント弱で推移した。第一次ベビーブーム世代が通過した後の七〇年代半ばには約二七パーセントにまで上昇し、その後、横這いから低下傾向に移り、八〇年代半ばには二三パーセント台にまで低下した。

低下傾向はとくに大都市圏で顕著だった。その理由として、国が大都市圏の大学増設を抑制したことが指摘されるが、筆者は拙著『なぜ公立高校はダメになったのか』で、大都市圏への大量の人口流入（集団就職層）とその世代交代を理由として挙げ、高校教育の変化のなかに原因を求めた。ここではその後の進学率の回復過程について、主に高校側の視点から検討し、今後の動きを予測したい。

まず、あらためてバブル崩壊後の高校生の進路選択について男女別に確認しよう（図表7-1、図表7-2）。十八歳人口のピークが過ぎた九三年以降、大学は収容力が拡大して入学しやすくなり、高卒者に対する求人は急激に悪化し、本来であれば就職を希望していた者も進学を選ばざるをえなくなったこともあって、進学率は男女ともに大きく上昇した。

七月時点の高卒求人倍率は九九年には一・〇を割り、二〇〇三年には〇・五倍にまで低下した。〇五年からは多少の回復傾向となるが、リーマンショックにより再度、低下する。ただし、団塊の世代が本格的に労働市場から退場するようになった一二年ころからは上昇傾向に転じている。この傾向は今後しばらく続くと考えられる。

男子では、大学進学率は〇七年に五〇パーセントの大台に乗り、その後一〇年の五四・三パーセントをピークとして五一、五二パーセントで停滞している。女子は一〇年に四五パーセントに到達するまで順調に上昇した後、停滞気味となり、四七パーセント程度で頭打ちの気配である。なお短大進学率は低下傾向が止まって一〇パーセント程度で横這いとなっており、今後の短大から四大への大きなシフトは考えにくい。

また男女とも、〇四年からリーマンショックによる求人倍率の下げへ転ずるまでの数年間の雇用環境の改善による就職率の若干の上昇は、主に専門学校の進学率の低下によって相殺され、四大志向の傾向は変わらなかった。女子では、この数年間に四大進学率は一〇パーセント以上も押

図表 7-1◆男子卒業者進路(現役)と求人倍率の推移(右目盛り)

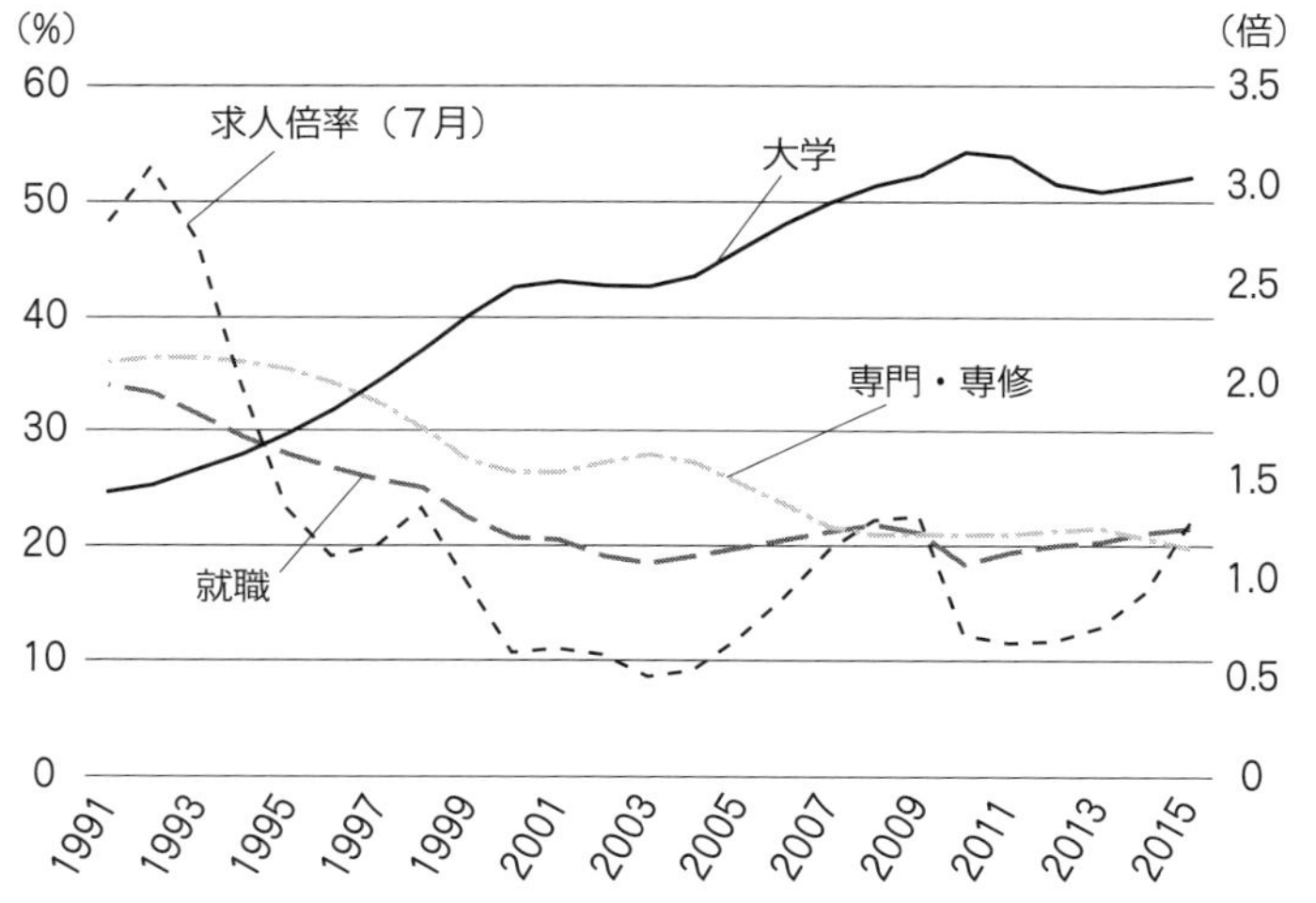

図表 7-2◆女子卒業者進路(現役)と求人倍率の推移(右目盛り)

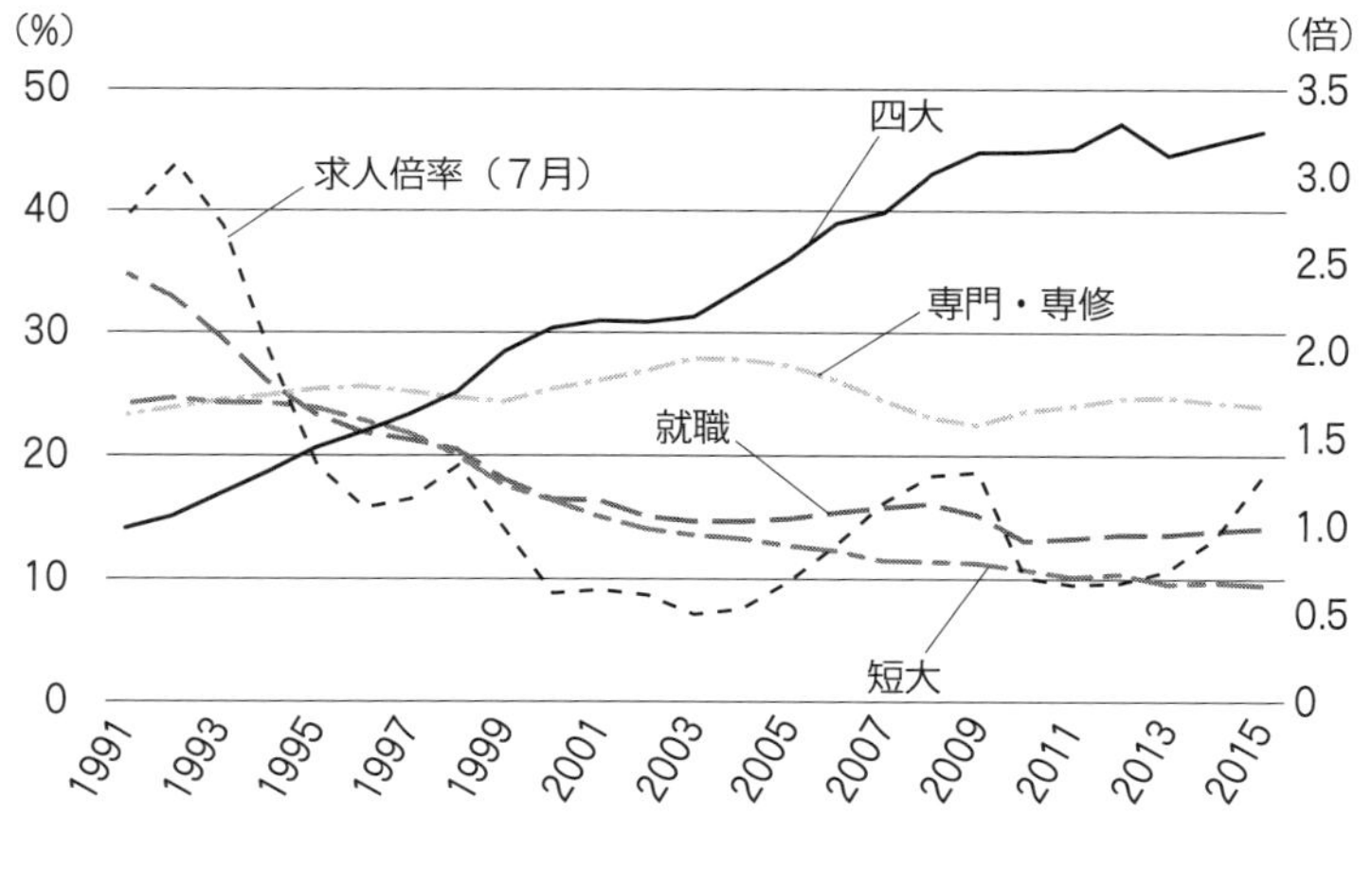

し上げられている。

女子の専門学校への進学は〇七年前後で底を打ち、二五パーセント程度で推移するようになっている。専門学校でも取得が可能な資格であれば、二年ないし三年という就学期間の短さ、学費負担の相対的な軽さから、今後も大きく減少することはないであろう。私立短大全体では定員充足率は八〇パーセント程度であり、撤退を迫られる短大は今後もあるだろうが、短大の需要は、幼児教育や医療などの分野では底堅いものがあり、短大進学率は今後も一〇パーセント前後で推移するであろう。

男女間で多少異なる点として、男子が雇用の改善に、より敏感に反応して就職率が上昇することである。〇三年から〇八年までの改善期にも男子の就職率は二・七（女子は一・四）ポイント上昇した。その後、一〇年の一八・四パーセントを底にして、一五年には二一・五パーセントに上昇している。三・一ポイントの違いは実数で約一・九万人である。この傾向が続くと、男子向けの専門学校や学部・学科の多い弱小私大にとっては、次第にダメージとなってくるであろう。

2　大学進学率予測

大学進学率がまた上昇傾向に転ずるとして、その余地は最近の高卒者の現役志願率である六〇パーセント程度が上限と考えられる。しかし実際には、一定の知名度のある有力大学や特定の専門分野の学部に入学できなければ専門学校や海外の入学可能な大学を選択する層がある。また女子よりも正規雇用に敏感な男子では、雇用環境の変化によっては高卒での就職や、就職に有利な専門学校を選ぶ傾向が強まることも考えられる。大きな環境変化がない限り、大学進学率を上昇させる要因は見当たらない。

臨定が終了したころ、教育社会学者たちが専門誌（『ＩＤＥ　現代の高等教育』）上で進学率の動きについて異なる見解を示した。一方は〇六年に「なぜ、大学に進学しないのか」として論じた矢野眞和・濱中淳子であり、もう一方は〇八年に「大学進学率上昇をもたらしたものは何なのか」とする論稿を発表した潮木守一である。

矢野たちは進学率五〇パーセントという数字は、学力分布ではもっとも大きなボリュームゾーンである中位層が大学進学するようになっていることを意味し、この層の生徒たちの進路選択は学力によって規定されていないと指摘した。そのうえで、進学率の停滞は高止まりする失業率の不安の押し上げ効果と、実質家計所得の減少と実質授業料の上昇の押し下げ効果との二つの力が拮抗した状態によってもたらされているとし、奨学金も含む授業料の負担軽減策を加味した機会均等政策を検討することが急務であると主張した。つまり授業料負担の軽減が実現すれば進学率はまだ上昇する余地があるとしたのである。

一方の潮木は、九〇年以降の大学進学率の上昇を都道府県別に検証した結果、進学率を規定しているのは家計の経済的要因ではなく、大学の自県収容力の拡大によって説明できるとした。そのうえで五〇パーセントを超えた段階では、進学率は学部・学科構成やカリキュラムあるいは大学の選抜方法など、教育システム内部での改革のありようの変化によって変動するのではないかと指摘した。そのうえで大学の改革が行き詰まったときには、進学率の低下もありうると主張したのである。

いずれの指摘も示唆に富むものであるが、両者ともが触れていない重要な点がある。大学進学率を左右する、生徒たちの選択の変化がどのような高校現場で起きているのか、という点である。大学進学率の変化は全国の高校で一律に起きているわけではない。よく知られているように、日本では中学校から高校に進む際、学力別に振り分けられる。大学進学率が五割程度になった現在でも、高校進学時に、いわゆる進学校と目されている高校に進むのは中学校のクラスの上位一〇人前後であろう。二〇パーセント程度である。職業系や芸術系などの専門高校からの大学進学を合わせても、二五パーセント程度が大学進学のコアの部分だったのである。九〇年段階の男子の進学率にほぼ等しい。

その後の上乗せの二〇パーセント以上の相当部分は、従来、非進学校とされていた種類の高校からの進学者である。これらの高校こそが、大学、専門学校、就職との間で生徒の選択が揺れる現場である。次に、雇用や経済環境の変化によって進路選択が変動する高校現場の様子を具体的にみてみよう。進学率の今後の動きを占うためには、このレベルの高校の事情を理解することが不可欠だからである。

なお進学率が上昇した間、高校教育が大きく改善されて高卒者の半数以上が大学教育を受けるにふさわしい学力や学習習慣をつける状況となったかと言えば、否定的であるし、また大学が高等教育を受ける準備のない学生を指導するに足る教育体制を築いてきたかと言えば、これも否定的にならざるをえない。これらの層を主に受け入れている弱小私大にとって、高校と大学の接続は、もっとも重要な課題のひとつのはずである。自分たちの受け入れる学生がよく見えていない経営者や学長あるいは教員が、弱小私大にも多いことはここまで指摘してきたとおりである。そのような教育に魅力を感じられない高校生が増え、九〇年以降の大学進学率の上昇分が多少とも下がることがあれば、弱小私大の退場は早まることになる。

3

高校側の事情

高校の階層構造

高校は全国どこでもピラミッド状の階層構造をなしている。一部の大都市圏では私学、地方ならば公立の伝統校と呼ばれる、主要国公立大学や有力私大に多くの卒業生が進むトップ校を核として、その下に準進学校がある。進学校とみなされる学校の生徒たちは、ほとんど全員が大学進学を前提として学校生活を送る。学校側も定期的に実力テストを実施するなど、生徒たちは大学選択を常に意識させられる。

進学校や準進学校に進学する生徒たちよりも学力的に劣る生徒たちは、かつては専門高校（職業高校）やさまざまな学力レベルを受け入れる私立高校に進学していたのだが、七〇年代後半から八〇年代にかけて、性格の曖昧な普通高校が大幅に増え、高校現場の様子は大きく変化した。その変化はとくに大都市圏で大きかった。

図表7-3は、首都圏（一都三県）の学科別入学者数の推移である。高度経済成長期、大都市

図表 7-3◆首都圏の学科別高校入学者数

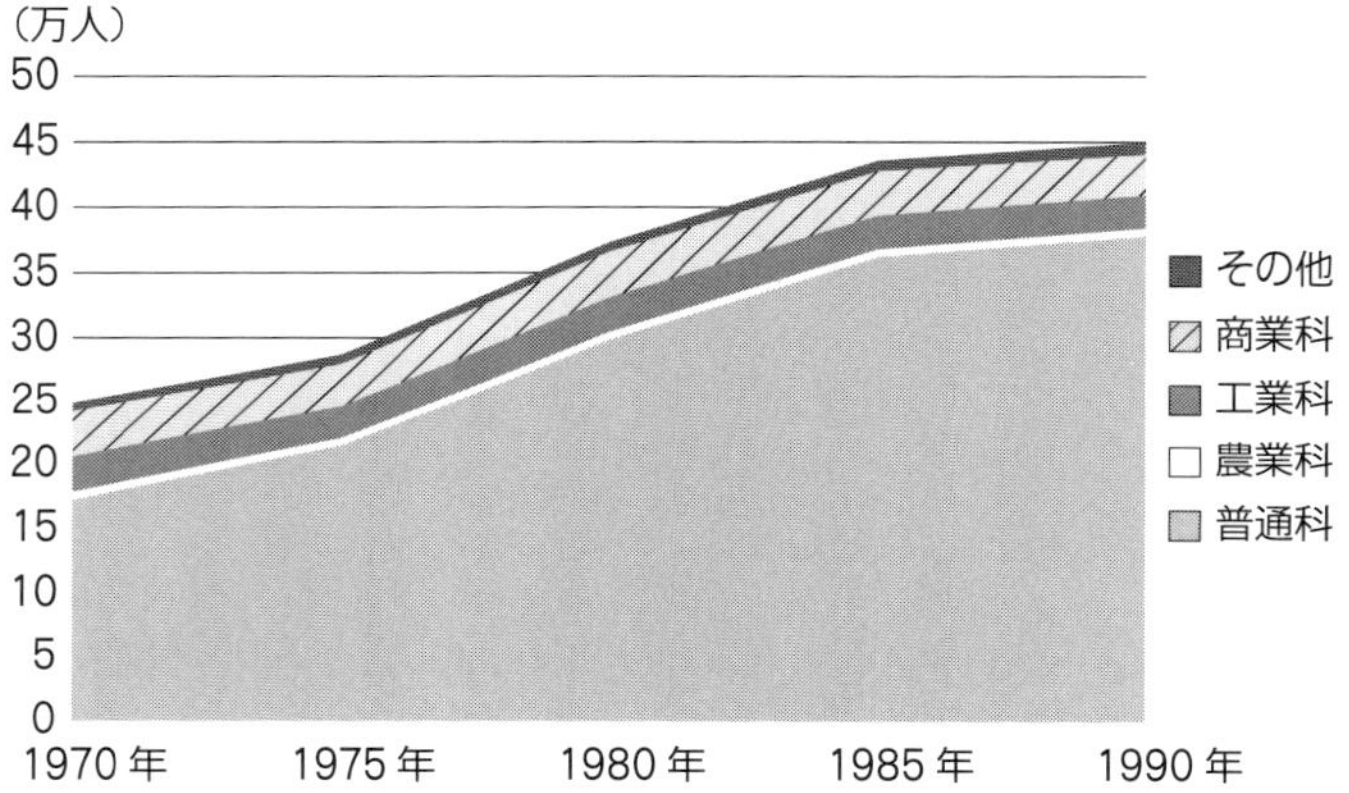

圏へは大量の若年人口が流入した。その後、彼らの子どもの世代が七〇年代後半から八〇年代にかけて、高校に進学してくる。第二次ベビーブーム世代でもあった。生徒数は二〇年間に一・八倍あまりに増えた。とくに東京を囲む人口増加の著しかった三県では、神奈川県が「百校計画」を掲げて実際に県立高校だけでも一〇〇校の新設をするなど、いずれの県でも既設の高校数を倍増させるペースで高校が開設された。その際、専門高校（職業高校）は開設されても例外にとどまり、大部分は普通科高校が増設された。その結果、首都圏では、職業系の専門高校の定員が微減する一方で、普通科の生徒数は、七〇年の約一七万二〇〇〇人から九〇年の三七万八〇〇〇人へと、二・二倍にも増えたのである。他の大都市圏でもほぼ同様の傾向が生じている。

この時期に新設された高校の多くはその後、ピラミッド型序列の中下位に定着し、一部は、義務教育内容の習熟度がもっとも低い生徒たちを受け入れる、底辺校とか教育困難校と呼ばれる高校になっている。朝比奈なを『見捨てられた高校生たち』はこれらの高校の実情を余すことなく描いているが、多くの弱小私大はこれらの高校にも推薦枠を提供していることを認識するべきである。

大学進学にはほとんど無縁の底辺校とトップの進学校、準進学校との間にある、進学希望者と就職希望者が混在する、性格の曖昧な普通高校は、教育関係者の間では「多様化校」と呼ばれる。この多様化校こそが、大学進学率の変動が発生する現場なのである。

多様化校における進路選択

多様化校には三種類の生徒がいる。ひとつは経済的事情から塾にも通えず、私立高校は学費面で避けなければならず、公立進学校に挑戦する危険を避けて入学した者。基本的に学習習慣もあり、いわゆる優等生タイプである。もうひとつは中学校時代に遊び癖がつくなど、ほとんど学習せず保護者もあまり子どもの学校生活に関心をもたない生徒である。高校入学後の学習姿勢や素行にも問題が多い傾向がある。第三のグループはさまざまな学習障害を抱えている生徒たちである。学習成績が全般的に不振な者もあれば、特定教科・科目では秀でている者もいる。

このうちで社会的に高等教育の機会を与えることに積極的な意味があるのは、最初のグループであるが、多様化校ではしばしば逆転現象が起きる。第二のグループの生徒が、卒業間際になって大学進学を希望することがある。子どもの教育に無関心だった保護者も、大学は出ておいた方がよいという話を聞き、学費を出すと言えば、現在、弱小私大はほとんどの高校に推薦枠を提供しているから大学に進学できてしまう。大学側も成績や出席状況が極端に悪くなければ入学させる。これらの高校の生徒が大学に進むか就職するかは、保護者の意向と家庭の経済力次第なのである。

地方公立大学で実際にあった話である。推薦で入学を許可した高校生が、入学手続きの締め切りが迫った時点で、「学費が工面できないので入学を辞退したい」と申し出てきた。対応した大学職員は生徒の話に首を傾げた。生徒は「高校での成績が学年で六位だったから、こちらの大学に応募した」と言うのである。職員は「成績優秀だったから推薦を受けられたのだろう」と考えた。しかし、その後の説明は職員の想像を超えていた。その年度の地元優良企業から彼の高校への求人は五人分のみであった。彼よりも成績上位のすべての生徒たちが就職を選んだため、彼はその枠から外れた。担任教師のアドバイスで公立大学への進学を選んだ。ところが保護者から学費はどうしても工面できないと言われて、大学に断りを入れてきたというのである。公立大学として地元のさまざまな高校に万遍なく推薦枠を提供していたのであろう。多様化校の実情の一端を示す話である。

矢野眞和は別の論稿で、就職を選んだ高校三年生にその理由について質問した調査結果（複数回答可）を紹介している。「進学しても得るものが少ない」が五七パーセントで、大学教育そのものの価値を認めていない高校生が少なくないことを示している。しかしまた、「進学のための費用が高いから」とする者も四九パーセントあった。就職者の二人に一人は、進学費用の負担を敬遠して就職を選択している様子がうかがわれるのである。進学のための費用には、大学の学費だけではなく、予備校に通う費用も含まれる。家計への負担を考えて高校進学の時点で進学校への挑戦を避けた生徒ほど、大学も敬遠せざるをえないのである。逆に、学習意欲に欠けるが、就職は先延ばしにしたいという程度の動機で進学を希望する生徒は、弱小私大が提供する推薦枠を利用して進学できるのが現状である。

生徒の進学希望が特定の資格を取りたいなど、明確な動機に基づいているのであれば高校教員も適切なアドバイスができるが、就職がなさそうだからとりあえず入れる大学に入りたい、という生徒の指導もしなければならないことになる。志望動機の書き方から始まって、面接時の話し方まで一緒に考えてやらねばならない。高校の教員にとっては、そのような生徒の進路指導は相当にストレスのたまるものとなる。

受験方法がＡＯ入試ならほぼ必ず論作文が課され、推薦でも面接は行なわれる。その準備や受け答えの練習まで指導することになる。定員割れに喘いでいる大学は厳しい審査をするわけではないが、まったく準備ができていない応募者を黙って合格させるのはプライドが許さない。双方にとって非生産的な状況が続くことになる。

教師に頼ることなく予備校に通うなどして情報を集め、受験先を選ぶ進学校の生徒たちと違って、多様化校の生徒たちは大学選びに際して担任や進路指導の教員へ依存する度合いが高い。大学にブランドを求めるわけでもなく、特定の専門分野の学習という目標をもっているのでもない進学希望者の多くは、自分の学力でも入れる大学（入試方法）という基準で探すのである。だからこそ弱小私大は高校回りを熱心にするのであるが、高校の教員も近年は雑務が増えて忙しい。よほど丁寧なアプローチと、何よりも魅力ある教育内容が示されなければ、おざなりな対応しかしてもらえないのが現状である。

バブル崩壊と多様化校

学校が職業安定所に代わって就職斡旋するのは、日本の学校特有の機能である。企業と学校は高度成長期を通じて特有な関係をつくり上げてきた。学校は就職を希望する生徒を、素行上の問題のない成績上位者から順番に、職場環境が良好で、かつての卒業生も長期にわたって勤務している企業に推薦する。企業側も信頼関係を維持するため、不況で人員が余剰気味な時期も、採用を途切らせないように努力した。

七〇年代以降、大都市圏を中心に出現した多様化校や底辺校と呼ばれる普通科高校でも、バブル経済が弾けるまでは、サービス産業などからの求人が一定度はあり、就職斡旋の役割を果たすことができた。たとえば多くの府県で、府県庁の指定金融機関となっている銀行は、バブル経済崩壊に伴う金融危機が発生するまでは、公立高校に幅広く採用枠を割り当てていた。しかし九〇年前後にはそれらの優良な雇用はほとんど失われた。九〇年代に入って採用を減らさざるをえなくなった企業側は、長年にわたって信頼関係を築いてきた一部の普通高校や専門高校への求人を優先的に残したため、新設の多様化校への求人は激減することになった。先に紹介した、地方公立大学の推薦入学を辞退した高校生の事例はこのような状況のなかで生まれたのである。

アメリカの社会学者メアリー・C・ブリントンは、神奈川県の高校の実態調査に基づいて、偏差値の低い普通高校にとって雇用崩壊がもっとも深刻であること、そのことが中退率を高めていること、またいわゆるフリーターを多く生み出していることなどを明らかにしている（『失われた場を探して』）。そのうえで日本の学校は、就職斡旋制度という仕組み（ハード）が機能しなくなっていることを認め、生徒たちに自分を守るための知識、たとえば労働法などについて、もっと積極的に教えるべきだと指摘している。また、アメリカでは公的機関などより、個人の人的つながりが雇用機会確保に有効性が高いというデータを紹介し、日本でも人的ネットワークを形成するソフトを重視したキャリア教育を行なうべきだとしている。

多様化校から学生をリクルートしようとする大学は、単に大学の就職率などの数字を示すよりも、どのように工夫をした、どれだけのメニューをもったキャリア教育を用意しているかを示すべきなのである。豊かな内容をもつキャリア教育の開発は、受け入れる学生の性格を理解することが前提となる。弱小私学が受け入れる学生には、中学や高校で不登校経験があるなど、社会適応に課題を抱えた者も少なくない。彼らにマニュアル化されたキャリア教育を施しても、場合によっては逆効果となる。大学職員の能力開発も大きなポイントになる。

次に取り上げる通信制高校の卒業生は留意すべき点の多いケースである。

通信制高校——新たな多様化校

大学と同様に高校にも通信課程がある。かつては勤労青年などに教育機会を提供して数万人の在籍者数であったが、高校進学率が九割を超えたころには在籍者数は一五万人程度となり、その後は微増で推移している。二〇一五年の在籍者数は一八万人で、全高校生の五・二パーセントを占めている。この生徒たちが他の課程と同様に大学進学をめざすとすれば、無視できない数字となる。実際に、弱小私学のなかには、これらの生徒へのアプローチを試みているところもある。

しかし結論から言えば、リクルート先として期待できる学校になる可能性は低い。図表7-4

は、九五年以降、五年ごとの通信課程卒業生の進路先を示している。徐々に増える傾向にあるとはいえ、一五年の大学進学者数は、通信制大学を含めても八六〇〇人あまりである。進学率は一七パーセント弱にすぎない。

それよりもグラフを見て、進路先の「その他」の項目が大幅に増え、突出するようになっている異様さに気づくであろう。「その他」は、調査項目としては「左記以外の者」、つまり進学や就職など該当する分類項目がない者と「死亡・不詳の者」である。「死亡・不詳」はそれほど多くはないので、大部分は「分類不能」あるいは単に「不明な者」と推測されるのである。年を追うごとに「その他」の増加が目立つようになってきた背景には通信制高校をめぐる、教育関係者にさえあまり知られていない事情がある。

図表7-5は設置者別の通信制高校数の推移を示したものである。公立高校の数がほとんど変化していないのは、全国の教育委員会がそれぞれ県内の生徒を対象として一、二校の通信制高校を設置して対応しているからである。しかし八六年の教育法の改正により、「広域通信制単位制」高校の設置が可能となった。つまり都道府県を超えて生徒を集める私立通信制高校の設置が認められることになったのである。スクーリングの条件などもあって、しばらくの間その種の高校は増えなかったのだが、九〇年代後半以降さまざまな規制緩和が図られた結果、通信制課程のみを運営する独立校が急速に増えるようになった。私立の併設校が増えたのは、独立校の拡大に刺激

図表 7-4◆通信制高校卒業生の進路

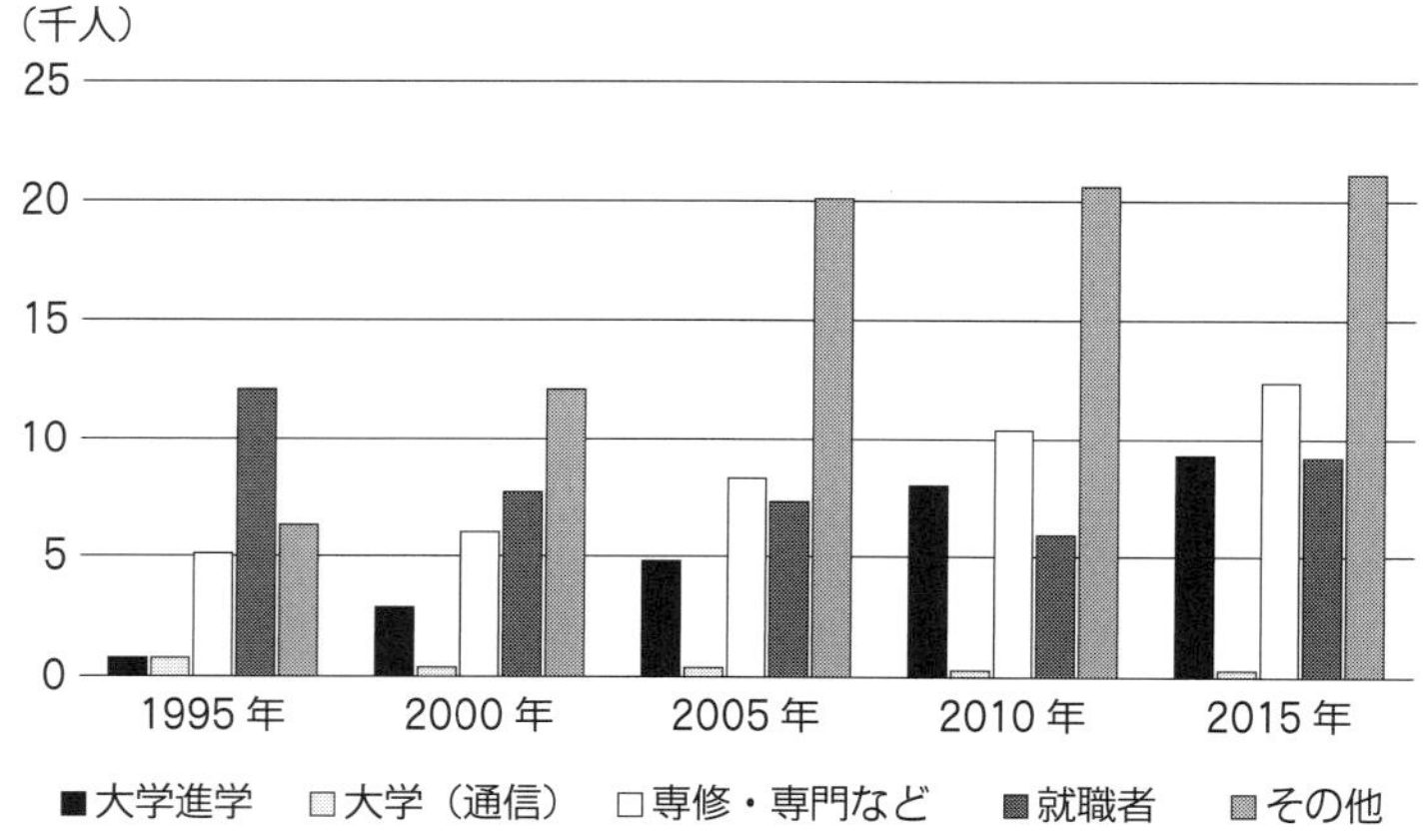

図表 7-5◆設置者別通信制高校

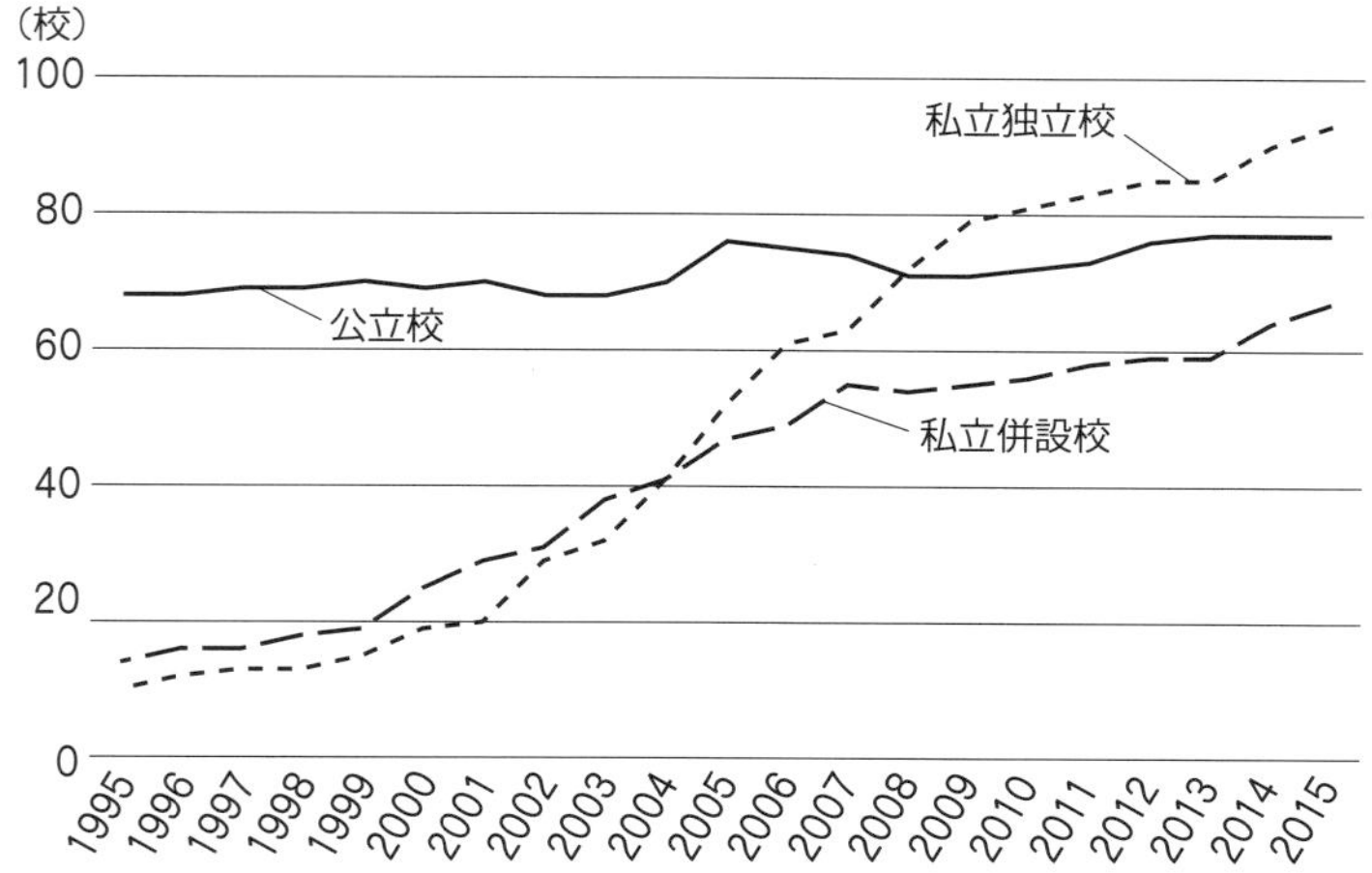

されて、全日制や定時制高校が通信制課程に手を広げたからである。

私立の通信制高校が増えるにしたがって、在籍者数は〇六年に公私がほぼ同数となり、その後は私立通信制高校の在籍者数が大きく上回るようになる。学校が増えるにつれて、法の網をくぐり抜けるようにして利益追求に走る人物たちも参入するようになった。一五年末から、不適切なスクーリングの実態や就学支援金の不正受給容疑による関係者の逮捕が報道された、三重県伊賀市に本拠を置く株式会社立の「ウィッツ青山学園高校」の事件は氷山の一角である。

私立の比率が増えたことはまた、通信制高校の在籍者の性格に変化を生じた。通信制でも私立は公立よりも授業料負担は重い。また広域通信制の場合は、サポート校と呼ばれる法的には塾の扱いである、生徒の居住地に近い教室に定期的に通って学習する生徒も少なくない。本校から送られてくる教材を使って学習して課題を提出するが、その指導をサポート校で受けるのである。その場合は、サポート校の授業料も支払うことになる。したがって私立通信制高校に通学する生徒のなかには、それらの経済負担に耐えられる家庭の出身者が少なくない。保護者や本人の意思や意欲次第では、大学進学を志向する生徒も一定数いることになる。私立通信制高校が増えるにしたがって大学進学者が増えてきたのは、そのためと考えられる。

しかし、通信制高校に入る生徒にはいくつかのパターンがある。中学校時代に不登校になり、一般的な高校生活を送る自信のない者がもっとも多いと思われる。ほかには高校を何らかの理由で中途退学して編入する者も一定数いる。さらに少数ではあるが、一般の高校を受験したがすべて不合格になった者などもいる。ごく一部には高い学力をもち大学進学をめざす生徒もいるはずだが、それらの生徒は一般入試で有力大学への進学も可能であろうから、弱小私学のリクルート対象にはならない。

多くの生徒は学力に大きな課題を抱えているだけでなく、中学校までの学校生活で心理的な傷を負っているものも少なくないのである。また規則的な生活が苦手という生徒も多い。当然、大学進学を考える余裕のない生徒が多くなる。したがって、潜在的な進学者層となることはあまり期待できないのである。

4　多様化校と弱小私大の募集活動

弱小私大の学生募集の主なリクルート先となる多様化校では、成績優秀な生徒ほど経済的にも恵まれない傾向があることから、授業料負担軽減策は学生募集に効果的である。また、それらの学生をコアとした学生集団に焦点を絞ったカリキュラム開発や優秀な教員の確保およびキャンパス整備など、大学としての基盤を整えた学生募集戦略が必要なのである。入学定員二二五人の前橋国際大学や定員三二〇人の松本大学などが行なったのは、まさにこの手法であった。大都市圏でアパート暮らしをしながら大学に通うだけの経済的なゆとりはないが、学習習慣は身についていて、資格を取得するなどの積極性がある高校生たちをターゲットにした学生募集に徹したのである。

しかし、とくに大都市圏の多様化校の大学進学者の増加は今後もあまり期待できない。また大都市圏の弱小私大では、リクルート先の高校数が多いうえに競合する大学も多く、焦点を絞りにくいという不利な環境がある。地域性の薄い短大を前身とする大学では高校との結びつきも弱い。さらに大学のアピール力の向上は、大学の施設・設備から始まってカリキュラムの改善・改革と結びつかねばならないのだが、これを実現するためには判断力や実行力に優れた理事長や学長が必要なのである。しかし、そのような人材に恵まれていれば、定員割れに追い詰められる以前に打つべき手を打っていたであろう。周辺の競合大学の様子をうかがいながら、受験料や入学金の減免などの細々とした優遇策程度しか打ち出せない弱小私大に競争力はありえない。

高校の構造的特徴からして今後の進学率の変動は、学力の中間層の集中する多様化校の生徒たちの進路選択がどう変わるかにかかっている。すでに学力水準を問わずに入学を認める大学が多く生まれているから、大学進学に何らかのメリットを感じる高校生は経済的な負担の問題さえ解決すれば大学進学を選ぶだろう。この層は、各種の奨学制度がより利用しやすい環境が整えば進学を選択し、進学率の上昇をもたらすことになる。しかし、国や自治体の奨学制度が今後、大きく充実することは期待できないうえ、弱小私大には有力私大と肩を並べるほどの財政力はないから、これらの高校生を惹きつけるだけの奨学制度を整備するのは困難だ。この部分の進学率上昇に多くを期待することはできない。

また学習意欲はないが就職までの時間を買うことにメリットを感じ、保護者が学費を出せる所得階層の家庭の子弟は、すでに進学するようになっている。かつて関西には富裕層の低学力の子弟を受け入れることで知られる大学があった。しかし富裕な家庭では、子どものころからしっかりと教育するようになったため、その種の受験生が少なくなり、募集も先細りになっているとされる。いわゆる教育格差の固定化である。したがって今後、この層が大幅に増えることはなく、進学率を上昇させる要素にはなりえない。

二〇一六年八月に発表された「学校基本調査」の速報値によれば、一六年春の高校卒業生（通信制を除く）の大学進学率は男女とも前年度比〇・三〜〇・四パーセントの微増で、男子は五二・四パーセント、短大を含む女子では五七・三パーセントであった。ただし実数では約七四〇〇人の減少だった。就職率は男女とも前年度とまったく同じく、男子一七・八パーセント、女子一四・一パーセントだったから、大学進学率の若干の上昇は専門学校（一六・七パーセントから一六・三パーセントへ）から大学への移動によることになる。今後も大学進学率上昇の余地は、この専門学校からの移動にあるだろうが、大学へ流れる部分は限定的であろう。しかもすでに進学率の若干の上昇を高校卒業者数の減少が相殺するようになっている。一八年以降は進学率の多少の上昇があったとしても、卒業者数の減少に追いつくことはいっそう難しくなる。

高卒者の求人倍率の低下は進学圧力になるが、団塊の世代の退場に伴う労働力不足が顕在化しつつあり、よほど激しい不況が来ることがなければ、ある程度の良好な雇用環境が続くことになると思われ、今後も進学圧力が高まることは期待できない。また高卒者の求人倍率が安定すれば、高校教員の意識も生徒が中小の無名大学に進むよりは、地域の企業への就職や特定の職業に直結する専門学校へ進学を奨励する方向に変わっていくだろう。先に紹介した安定雇用が期待できる就職先がなかったために大学に進学しようとした生徒たちは、確実に就職に転ずることになる。

このように考えると、今後は大学進学率の若干の低下と十八歳人口の減少とが相俟って、一八年以降、大学進学者数は予想よりも多少早いテンポで減っていく可能性があると思われる。その場合、すでに定員割れに陥っている弱小私大の退場は早まることになる。

第8章

弱小私大の生き残る条件

1　大学不滅神話の崩壊

少し前までは、日本では短大はともかく大学が破綻することはないと受け止められてきた。高等教育研究の喜多村和之は、一九八九年に上梓した『学校淘汰の研究』で、大学の大量淘汰を経験しているアメリカと比較しながら、その理由について次のように指摘している。

①日本の大学の設置認可の条件は文部省の規制によってはるかに厳重で、すくなくとも設置時における「品質管理」が行なわれているので、比較的廃止されにくい体質を持っていた。

②大学進学率は継続的に上昇し大学は常にその財源として過剰な学生志願者に恵まれていた。

③高度成長が大学卒の需要を高め、学生の就職状況が良好であり、そのことが国民に学歴信仰をうえつけ一層大学進学傾向を強化した。

④家計収入の向上によって私学の授業料の値上げが可能となり、七五年からの国庫経常経費助成が私大の経営の安定化に大きく貢献した。

しかし現在、これらの四つの条件がすべて失われつつある。設置時の「品質管理」は、規制緩和の流れのなかで簡易化され、アメリカ的な事後評価によって質を管理する方向に舵を切ってきた。また進学率はこの数年停滞し、多少の後退も予測される事態となっている。さらに経済成長は過去のものとなり、大学を出ても安定雇用は期待できなくなり、学歴信仰は大きく揺らいでいる。家計収入も減少傾向で、どの大学もさまざまなかたちでの学費減免措置を提供しており、授業料の値上げは難しい。国庫補助も減額はあっても増額はありえない。日本でもこの先、大学の大規模な消滅の可能性は高まっているように思えるが、喜多村は同書のなかで、次の指摘もしている。

「多くの大学が消えた」一九八〇年代のアメリカの大学の場合をみても、大学の淘汰は、「青年人口の減少だけではなく」その他の要因、たとえばリーダーシップの欠如、経営陣の無計画性や放漫経営、政府の財政援助の削減（とくに学生援助）、教授団のモラール低下、魅力のないカリキュラムと教育軽視、学生の不満の拡大、地域社会や支援基盤との関係の悪化などが同時に生ずる時に、危機につながっていることがわかる。

大学の消長は必ずしも若年人口の増減のみによって決まるのではなく、大学自体の活力が失われたとき、消滅の危機が訪れるというのである。日本の現状をみても、「小規模・単科・地方」の、一般に危ない条件とされる大学でも、学生募集に苦しむ大学もあれば、第六章で紹介した、学習意欲に溢れる学生を定員以上に集めて教育効果を挙げている大学もある。生き残るためには活力が必要なのである。取り上げた大学事例などから、活力はどう生み出されるのか、またどう失われるのかを整理したい。

2 地域の信頼を得る

一部の、特殊な領域をもつ中小私大以外は地理的に広い地域から学生を集められるわけではない。かといって、短大を前身としている大学が、短大時代の学生リクルートの範囲と手法とで学生を集められるわけでもない。前橋国際大学では八五パーセントが県内高校からの進学者であるように、基本的に所在地の県と隣接県が進学者のリクルート範囲である。そのためには地域社会からの信頼、つまり地域限定のブランド力が前提となる。戦前からの中等教育（旧制高等女学校や実業学校）の実績によって地域に人材を送り出し、卒業生のネットワークが形成されている場合、大学を開設する際にもＯＢやＯＧたちの応援が受けられ、適切な教育を施された卒業生たちは、地元企業に受け入れられるだろう。

地域社会から支持されない大学は、九〇年代の受験難民の受け皿として、開設後しばらくは学生を確保できたとしても、遅かれ早かれ学生募集に行き詰まるようになっている。開設後、そのまま定員割れとなった大学も少なくない。地域社会にどう貢献するか真剣に検討することもなく、曖昧なミッションのもとに開設し、具体的な地域貢献を積極的に進める努力をしなかった大学が、地域からの信頼を集めることはありえない。

福祉系などの学部をもつ弱小私大でも、地域のさまざまな課題への取り組みに協力できる専門知識のある教員がいるはずである。大都市圏のなかでも地域によって課題はさまざまである。高齢化の進む住宅がスポットのように生じていたり、子育て環境が悪化していたりする地域も少なくない。福祉や幼児教育分野の研究者には格好の教育や研究の素材があるはずである。ただし、個々の教員の活動では地域にアピールするうえでは限界がある。松本大学や前橋国際大学の例が示しているように、学長らのリーダーシップによって、地域の自治体や経済団体あるいはその他のＮＰＯなどの組織の取り組みを支援するため、学内の教職員を組織化することが必要である。こうした取り組みから大学の対応が認知され、地域社会からの信頼が高まる好循環が生まれてくる。

また経済や経営などの社会科学系の学生のためには、商工会議所などを通じて、地元の企業の協力を得て、さまざまな授業や課外学習の機会をつくることが必要である。企業経営の実際を体験したり、インターンシップの機会を用意したりすることも考えられる。弱小私大にとって地域社会との密接な連携は、学生募集というよりは、教育研究の活性化のために不可欠である。地域にその存在さえもが十分に認識されていない大学に生き残る可能性はない。

喜多村の指摘に戻れば、半ば成り行きで短大から四大になった大学などでは、理事長らのリーダーシップや計画性は期待できない。内輪の論理で動く理事会の無計画性と放漫経営、教育研究に不熱心な教員、短大の焼き直しのような魅力のないカリキュラム、貧弱な施設・設備に対する学生の不満など、真っ先に淘汰される可能性が高い。さらに、地域社会との関係が薄く地方自治体や経済団体などからの支援を期待できない大都市圏にある特徴のない大学も淘汰の危険性が高いであろう。

3 入学前教育と初年次教育の充実

武蔵野大学の全学共通の初年次教育や、「ちょっと大変だけど実力がつく大学です」をキャッチコピーとする前橋国際大学の基礎ゼミ、松本大学の丁寧な入学前教育など、成功している大学には、大学での学びに導くための厳しくかつ丁寧な教育が設定されているという共通点がある。高校までの生徒たちの学習は基本的に受け身である。しかし、大学では正解のない問題に取り組まなければならない。そのためには問題意識の温め方、必要な資料の集め方、資料の整理の仕方、レポート作成や口頭発表などの発表スタイルの選び方と作成方法といった基本技術をトレーニングする必要がある。つまり大学での学びに必要な能力を身につけさせるための負荷をかけるべきなのである。「面倒見がよい」などのスローガンを強調する大学もあるが、どのように「面倒」を見るのか不明では意味がない。大学は学生との信頼関係を築いていくなかで、学生にとっては苦しいことも要求しながら彼らの成長を助ける場でなければならない。

適切な入学前教育と初年次教育は離学率の低下に直結する。正確な統計はないが、全国的に私立大学の卒業までの離学率は一二〜一三パーセント程度とされている。離学率の情報公開をしている大学は多くないが、定員割れしている大学ほど高い傾向があり、二〇パーセントにも達する大学もある。せっかく入学させた学生の五人に一人が卒業までに消えていくことは、弱小私大にとっては経営問題に直結する。

武蔵野大学では武蔵野ＢＡＳＩＳという共通初年次教育の導入後、二年生以降の離学者が目にみえて減っていることは前述のとおりである。松本大学では、二期生の離学率が一六パーセントを超えたが、新しい入学前教育を導入した〇六年度の入学生たちの離学率は顕著に低下し、一四年には全学で三二人と、全国平均を下回る一〇パーセント程度まで下がった。離学者が一人だけという学科もあった。

松本大学の入学前教育では、短大の就職活動指導の一環として行なわれ、学生たちの意識変革に顕著な効果を挙げていたキャリア・カウンセリングを設定した。オンキャンパスの入学前教育を計三回実施しており、そのうち一月実施の第一回は討論会形式のガイダンスとグループ協議である。多くのオンキャンパス型の入学前教育で一般的に行なわれているかたちであるが、この段階で上級生や同級生とのつながりが生まれる。二月から三月にかけて行なわれる二回目が、個別キャリア・カウンセリングである。文字どおり「個別」であり、一人一時間近くの時間をかけて実施される。短大ともつながりのあるカウンセラー一〇人あまりを東京から毎週末に招き、土日の二日間にそれぞれ一二人程度の入学予定者との面談を行なってもらう。話す相手が地元の人でも大学教員でもないこともあり、入学予定者にとっては大学生活や将来設計など、さまざまな不安を率直に話せることで大学生活への心理的な準備に効果があると思われる。なお、三回目は、プレ・オリエンテーションとして、カリキュラムの説明と時間割作成の練習をさせている。入学を控えた入学予定者たちに気持ちのうえでも余裕が生まれる効果があるだろう。

初年次教育の大きな役割のひとつは、大学教育に導くために必要な思考力や判断力などの能力を鍛えることである。肉体と同様、適切な負荷を頭脳に与えることによって、学生たちの学習能力は向上し、自らの成長を確認して自信を持つようになる。とくに弱小私大に入ってくる学生の多くは、高校までの教育で多かれ少なかれつまづきを経験してきている。反復練習や集中した学習活動によって確実に力がつくことを経験させることが必要である。

成功している大学に共通しているのは、負荷をかける教育を、入学前から学生たちに正面から伝えていることである。前橋国際大学はそのことを教育方針のキャッチコピーとしているし、松本大学は「負荷を乗り越えるからこそ学生は育つ」を方針として、学生たちに正課内、正課外活動で、さまざまな学習活動に挑戦するように仕向けている。学生支援のセーフティーネットを幾重にも用意しながら、ときには大学の枠を超えて活動し、課題に正面から取り組み解決する経験を積ませることによって学生たちを成長させる方針が教職員に共有されている。

また初年次教育は学部・学科横断のクラス編成で行なうことが好ましい。それは興味・関心の異なる学生たちが互いに刺激し合うこと、また同じ大学に所属していることの一体感を育て、サークル活動など、学生の自主的活動の活性化にも効果があるからだ。また、それ以上に教員の一体感を生む効果も期待できる。活力を失っている大学は例外なく、教員が学部さらには学科単位でしか物事を考えられず、改革の方向性についての自由な意見交換ができる環境から程遠い状態になっている。学部・学科の枠を越えて学生を指導する体制は、活力を生む契機となるであろう。

実際の初年次教育は、大学の専任教員たちの連携によって質の高いものを提供することが望ましく、大学によっては「学習支援センター」などを設置して教材作成や教員への教授法の支援などを組織的に行なっている。この授業に非常勤講師を配置して実質的に外部委託している大学もあるが、その場合も、授業の質のコントロールができていることが必須である。また家政系や児童教育系など実習で学生を縛るような発想の強い分野の教員は、初年次教育の必要性を理解できない者が多いかもしれない。とくに短大文化をそのまま持ち込んでいる教員が中心であれば、質の高い初年次教育の導入は困難だ。その場合は、教員組織自体の大胆な再編が不可欠となる。

この教育の効果は学生自身の成長に役立つのはもちろんのこと、授業で新鮮で刺激的な経験をする機会を与えられた学生たちが、出身高校に対して大学についての肯定的な評価を伝え、学生募集に比較的速やかな効果が期待できることである。高校生や保護者にとっては卒業時の就職状況が大きな関心事ではあるが、就職の結果を出すためには最低四年かかる。しかし良質な初年次教育を提供すれば、その年のうちから高校からの評価を高めることができるのである。

4 ターゲットを絞った学生募集

効果的な学生募集戦略が立てられているのも成功している大学の共通点である。武蔵野大学の場合は、女子大というニッチ分野から脱却し、多様な学生の募集に乗り出した。「絞る」方向とは異なるが、十数年の長期戦略のもとに募集すべき学生の幅を着実に広げてきた。手始めに女子大の最後の段階で現代社会学部という社会科学系の学部を新設した。新設学部の卒業生が出る段階で就職支援体制を整えた。さらに確実に学生募集ができる薬学部を設置して共学にし、さらに現代社会学部を発展的に改組しながら、社会科学系の学部数を広げると同時に、環境学から工学部までを開設した。さらには文学部の英文科をベースに設置したグローバルスタディ学部を発展させて、授業の半分を日本語以外の言語で行なうという完全に国境を超えた学生募集を前提とした学部・学科の開設までを達成している。共学化、総合大学化、国際化をわずか十数年で達成しているのである。

前橋国際大学と松本大学の場合は、地域に親しまれていた条件を生かしながら、東京などの有力大学に目を向けているトップ進学校は度外視して、資格特待生制度などを設定し、二番手以下の進学校や職業系の専門高校から学習意欲の高い学生を集める戦略を立て、効果的に募集活動を行なっている。二つの大学は苦境に立たされたときに我慢している点でも共通している。前橋国際大学が開設直後に定員割れに陥った際に入学定員を二五〇人から二〇〇人に下げ、教職員が給与水準の引き下げの可能性をも受け入れ、入学者の質の維持を優先した。入学定員を絞って教育に力を入れ、卒業生が希望する就職を実現し社会で活躍する姿が見えてくると地元の高校生の志願者が確実に増え、進学動機の曖昧な者や留学生に頼る学生募集とはまったく無縁になった。

また松本大学では健康栄養学科が、開設後の二年間、若干の定員割れとなった。しかしレベルを下げて学生を確保するのではなく、逆に推薦やＡＯ入試に筆記試験（文章理解や小論文）を含めることによって、入学者の質を確保する道を選んだ。そのことが管理栄養士の国家試験の合格率が、第一期生から全国平均に近い数字となる成果につながり、中堅進学校からの志願者増につながっている。

この点でも大都市圏の弱小私大では学生募集に焦点を絞りにくい。準進学校や多様化校に対して丁寧に募集活動をするしかないのだが、大学自体が魅力ある教育内容づくりができていなければ、募集活動も成り立たない。高校回りをする職員が高校側の要望や評価をフィードバックして大学の改革に生かせればいいのだが、このような大学に限って、職員を下に見る教員が聞く耳を持たなかったり、幹部職員も見当違いの指示を繰り返したりして、広報活動が効果的な募集活動につながらない状況に陥りがちである。

5 短大文化の清算――教育・研究の活性化

六〇年代以降の新設大学の多数が短大を母体とするものであったことを見てきた。それらの大学の多くでは、教員と理事長とは採用の経緯からしても短大時代からの馴れ合いの関係にある。理事長も理事も中学や高校の経営感覚から抜け出せない。教員はもともと研究者としての自覚が乏しく、「職業や実際生活に役立つ」教育を目標としていることが多い。教育活動も主として職業訓練的になりがちである。学部・学科の再編などにより活性化の梃入れをしようとしても、「一般（多数派）教員」の名において抵抗する。結局、大学運営は双方にとって居心地のよいぬるま湯状態を維持したまま、じり貧に陥っていく結果となる。

〇六年に大学基準協会が行なった短大調査の報告がある。私立短大三八六校のうち二八九校が回答（回収率七四・九パーセント）している。これによれば、たとえば研究休暇制度（サバティカル）があるのは二八・三パーセントにとどまっている。研究費の支給額も二〇万円以下が三八・〇パーセントでもっとも多く、次いで二〇万円以上三〇万円未満が三一・八パーセントとなっている。さらに科学研究費の申請率では三〇パーセント未満とする短大が最多で九二・三パーセントである。短大を改組した大学の研究休暇制度採用率のデータはないが、このような短大の性格は四年制大学にも引き継がれることになるだろうから、一般的に研究体制は貧弱なものとならざるをえない。

前橋国際大学と松本大学には研究休暇制度があることはもちろんであるが、小規模大学の機動性を生かして、学長を中心に文科省のＧＰ（good practice）を連続して獲得するなど、教員の個人研究だけではなく、複数の教員の共同研究も奨励され研究成果を挙げている。また松本大学では文科省の「特色ある大学教育支援プログラム」への申請の機会に「アニュアル・レポート」の書式を整えて、すべての教員が作成することで、教員の研究教育活動が統一された形式で公開されるようになっている。

松本大学では四大開設時に建設した校舎そのものにも、教育重視の姿勢を示すユニークな仕掛けがある。各教員の研究室の前にはテーブルと数脚の椅子が置かれているスペースがあり、学生が授業の前後などに教員からの個別あるいはグループ指導を受けられる空間が設けられているのである。受け入れる学生の質まで見極めたうえでの、学長らの主導によって導入されている。

短大文化が骨の髄まで染み込んでしまっている大学が、大学の名にふさわしい教育研究機関になるためには、理事長・理事会あるいは学長らを含むトップの抜本的な意識改革が前提条件となる。「大学をもつ学校法人」であることに満足しているような内向きの理事たちが大学改革に指導力を発揮するには限界がある。大学になりきれないまま、状況の変化に気づいたときには、社会から取り残され、志願者も遠ざかっていく事態となる。

6 安直な道を避ける

定員割れなど、学生募集に問題を生じた際の姿勢も前橋国際大学と松本大学は共通している。学生数の確保に走るのではなく、自らの教育力に自信をもち、これに応えられる学生を集められるまで我慢をしたのである。結果を出すまで最低でも卒業生の出る四年間が必要だが、理事会と教授会との間に信頼関係があればしのぐことのできる時間である。

第二章でみてきたように、定員割れは突然に発生するわけではない。現在、定員割れに苦しんでいる大学の多くは、志願者が減っていく段階で積極的な改革をすることなく、ある年に至って志願者を全員合格させても定員を満たせない状態となり、さらには志願者数自体が定員に限りなく近づき、ついには志願者数が定員に及ばないという経過をたどる。この段階では、改革は手遅れであり、入学者の頭数をそろえるために安直な方法に走る理事長や学長が少なくない。その後は悪循環に陥って、経営状態は急激に悪化の一途をたどることになる。以下の二つは、安直な道に走って自滅していくパターンである。

留学生依存

留学生といっても、弱小私大が公費留学などの優秀な学生を確保できるわけはないので、基本的に日本語学校からの紹介で自費留学生を入学させることになる。学生募集および入試業務の教職員がしっかりしていて、日本語学校との信頼関係を築いたうえでの抑制的な募集を行なっているうちはまだいいのだが、定員割れが進むとその抑制が外れる。

そのような大学の足元を見透かすかのように、一部の日本語学校や留学ブローカーが接近してくる。日本語学校では成績優秀な生徒から有力大学への入学が決まっていく。毎年一月、二月まで行き先の決まらない生徒の多くは、日本語の成績や出身国の中等教育の成績が芳しくないなどの問題を抱えている。日本語学校や留学生本人たちにしてみれば、入れてくれる大学は、在留資格をもらえるありがたい存在である。しかしそれらの学生は入学後、ただちにアルバイトで生活資金稼ぎに走り、最悪の場合は、最初からほとんど大学に来ずに、不法就労する者さえある。大学側も、そのような留学生を受け入れているという自覚はあるし、日本語学校にクレームをつけられる立場ではない。

大学関係者の間で、酒田短大事件はまだ記憶に新しい。二〇〇一年に中国人留学生の大量の不法就労が発覚し、翌年には資金難に陥って全教職員を解雇、翌〇三年には労働基準監督署から倒産認定され、〇四年には学校教育法違反で文科省から学校法人の解散命令が出された。学生募集が行き詰まるなかで、中国からの大量の留学生受け入れに走ったのである。当時の学長は東大法学部の名誉教授であったが、幹部職員が中心となって中国東北地区の留学生斡旋業者と結んで入学定員以上の留学生を受け入れていた。日本に来ればアルバイトで学費と生活費は賄える、として学生募集を行なっていたのであろう。しかし地方都市で数百人の留学生を受け入れるアルバイト先の確保は困難である。東京にサテライト教室を開設し、東京に行って働けるようにしていたのである。

ここまで極端な大学はさすがに珍しいが、制度的に可能だったということは、事件化はしないものの似た「留学生問題」は常にあるということである。千葉県にある城西国際大学は〇四年、一三〇〇人の留学生のうち一割以上が行方不明になっていることが明らかになり、東京入国管理局の立ち入り調査を受けている。絶対数が大きかったので立ち入り調査の対象になったのであろうが、弱小私大では留学生の一～二割が授業にまったく出ていない状況はよく見られる。当然、離学率の上昇にも反映する。

十分な準備もないまま留学生への依存を強めていけば、大学は必ず疲弊していく。いったん留学生依存が強まり始めれば、どこの国のキャンパスかわからないような状況が生まれる。定員割れに直面した大学ほど腰を落ち着けて、着実な学生確保のための戦略を練る必要があるのだが、留学生依存という安易な道を進み始めれば、破綻への時間は早くなる。

在ハノイ日本大使館のウェブサイトには興味深い文書がアップロードされている（二〇一六年時点）。「日本へ留学すれば、アルバイトで学費はもちろん生活費も賄え、少し落ち着けば貯金もできる、として日本への留学を斡旋する業者がいるが、そのようなことはありえないから十分に気をつけるよう」に、というものである。中国人留学生が頭打ちになっている分、多くの日本語学校が新しい留学生を求めて、ベトナムとネパールに焦点を絞って生徒募集の活動を強化している（**図表8-1**）。

日本語学校に入学する私費留学生の多くは、事情がわからずに業者に手続きを依頼すると一〇〇万円程度が必要になると言われている。現在のベトナムの平均所得からすれば普通には手が届かない金額である。しかし一部の悪質な業者は、半年もすればアルバイトで学費と生活費どころか貯金もできる程度の収入が得られる、という虚偽の情報によって学生を集めている。来日した留学生たちが法律制限の時間数を超えてアルバイトをすることになるのは当然である。

図表8-2は、『大学ランキング　2017年版』が示す留学生（学部）の比率が二五パーセント以上の大学である。なお五番目に立命館アジア太平洋大学（四四・九パーセント）があるが、当初より留学生受け入れを前提として開設された大学であり除外した。

これらの一三大学のうち五校が途中で大学名を変更し、一位の至誠館大学を除くすべての大学

図表8-1◆出身地上位5カ国の留学生数の推移

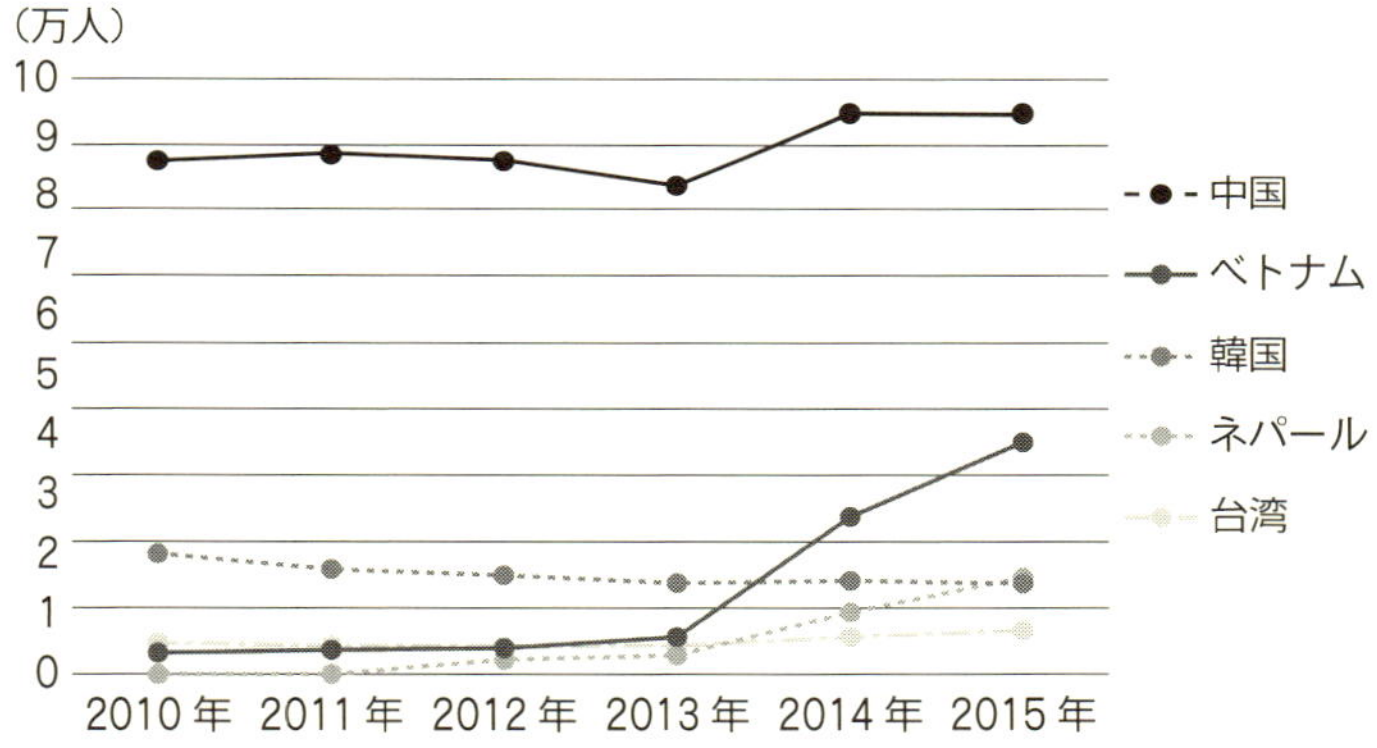

が定員割れをしている。また福岡市に本部を置き全国に幼稚園から専門学校、複数の大学まで経営する都築学園グループの日本経済大学、神戸医療福祉大学の二校と岡山商科大学を除けば、ほとんどが九〇年代も後半以降に開設された、短大を母体とする歴史の浅い大学である。

留学生がキャンパスに溢れ、日本語能力もおぼつかない外国人に合わせた授業では、日本人学生たちが敬遠することになりかねない。日本人学生たちは出身高校に行って、大学の現状を教員に訴えれば、高校側は当然、後に続く生徒たちの指導において、これらの大学を敬遠するように示唆する。こうして悪いサイクルに入る。安易な留学生依存を反省して、立て直しに成功した大学もあるが、目先の数字合わせしか頭にない理事長や学長が運営する大学では、行く着くところまで行くしかない。

図表 8-2◆留学生(学部)の比率が 25 パーセント超の大学

大学名	留学生比率(%)	開設年	備考
至誠館大学	78.1	1998	萩国際大学として開学。2014 年名称変更。短大の改組。
日本経済大学	71.4	1968	2007 年、第一経済大学から福岡経済大学に名称変更。さらに 2010 年に現名称。
愛国学園大学	57.6	1998	短大の改組。
九州情報大学	48.0	1998	短大の改組。
愛知文教大学	41.7	1997	短大の改組。
鈴鹿大学	40.9	1994	鈴鹿国際大学として開学。2015 年名称変更。
神戸医療福祉大学	38.6	2000	近畿医療福祉大学として開学。2008 年名称変更。短大の改組。
大阪観光大学	34.6	2000	大阪明浄大学として開学。2008 年に名称変更。短大の改組。
デジタルハリウッド大学	33.8	2005	株式会社立。
長崎ウエスヤレン大学	33.0	2002	短大の改組。
岡山商科大学	30.3	1965	短大の改組。
四日市大学	30.0	1987	短大の改組。
東京富士大学	29.6	2002	短大の改組。

流行学部

八〇年には全国で二大学（国立と私立各一校）のみだった看護学部は一五年には一〇六大学（国立一校、公立二五校、私立八〇校）にまで増えている。学科レベルに看護師養成課程を置いている大学も多く、それらを含めると私大だけでも一五六校に及ぶ。入学定員も国公私立を合わせて約二万人と、八五年の二〇〇人から一〇〇倍に増大している。看護師養成課程は完全なバブル状況にある。この急増に一役買っているのが定員割れに苦しんでいる弱小私大である。

〇六年の診療報酬の改定によって、看護師の需要が四割も増加したことが契機となって看護師不足が起き、医療法人が学校法人を設立して看護師養成大学を開設するなどの動きが強まった。就職に直結する資格が取れることから女子を中心に志願者が集まり、一六年度入試までは定員割れを起こしている学部・学科はない。看護師養成の学部・学科を開設した大学の半数以上は、もともと保健医療系の専門学校などを母体とするものであるが、なかには学生募集の切り札として看護師養成学部を開設したとしか思えない大学も散見され、それらの大学では看護学部のみが定員を満たし、その他の学部・学科の定員割れは深刻化する一方、という光景さえ見られる。

しかし、法科大学院や歯学部の例を見るまでもなく、外部要因によって引き起こされた需要は、外部要因の変化によって一気にしぼむ可能性が常にある。看護系でも、すでに専門の教員をそろえることが難しくなっている、あるいは学生の学力に問題が多く教育に困難を抱えている、などの問題が表面化しつつある。教育の成果は国家試験の合格率にすぐに表れ、受験生からの評価も短期的に決まってしまう。供給も飽和状態に近くなりつつあるなかで、成果を挙げられなければ、順調な学生募集が続く保証はない。

弱小私大ほど、地域に貢献するためには何をすべきなのか、何ができるのか、を常に自らに問うて行動すべきなのだが、定員割れに追い込まれた大学ほど、目先の流行を追って、かえって傷を深くすることになる。また女子教育や医療教育など、ニッチな分野の大学は、ミッションを比較的明確に示しているが、女子短大から改組して共学の大学になったものや宗教系の大学の場合は、掲げるミッション自体が曖昧であったり抽象的であったりする分、流行に合わせた学部・学科の再編もしやすい。それらの大学に新設された看護学部が、大学改革の起爆剤になることは難しい。

また、弱小私大ほど学生募集が不調になると、学長を兼任する理事長の主導によって、目先の変化をねらった安易な学部・学科の再編が行なわれやすい。倉部史記『看板学部と看板倒れ学部』は、「高校生が興味を持ちそうなキーワードを組み合わせて」作った安直な学部・学科名の例として、以下の七語を取り上げている。「国際」「コミュニケーション」「子ども」「心理」「情報」「環境」「スポーツ」である。試しにこれらの二語を組み合わせた学部・学科名をもつ弱小私大の募集状況をみれば、芳しくないところが多い。

これらの大学が学部を再編して新しい学部・学科を開設したとしても、その分野の有力な研究者を招聘して、その名にふさわしい教学体制を整えるだけの余裕はないから、基本的には学内の教員の再配置によって、それらしいカリキュラムを作る程度である。それこそ看板倒れとなる。資格志向の強い女子学生を集めるにしても、資格取得への支援体制を用意するにはそれなりの施設・設備と人の手当てが必要だが、多くの場合、それほどの計画性はない。ネーミングだけで受験生を集められると考えている理事長らの経営者や学長の姿勢は、高校生を侮り、自らの底の浅さを露呈しているだけである。

7 経営体制の刷新

大学が健全な教育と研究の組織として存在していくためには、何よりも、健全な経営体制の確立が必要である。理事会が健全に運営され、中長期的な方針を打ち出し、実行する体制があるか。そのために理事長、理事、学長に適切な人物が得られているかである。清水義弘ら、短大の申請の審査にかかわった多くの教育研究者を嘆かせた、およそ教育事業にふさわしくない人物たちによって開設された短大も少なくない。清水義弘の区分に従えば短大拡張期にあたる一九六五～七四年の間には一七一の短大が開設されているが、九〇年代まで存続したもののうち六五校が四大に改組転換している。

しかし、それらの大学では短大開設時と同じく、理事会も親族や宗教組織などを中心に構成された閉鎖的な運営が続けられているものが多い。人事も中小企業にありがちなトップの好悪の感情でなされがちで、中長期的な展望をもって大学経営をするだけの気概も知識も持ち合わせていない。進学率の上昇や十八歳人口の急増などの時期にはそれなりの学生を確保できても、いったん厳しい状況に直面すれば、たちまち定員割れに追い込まれる。実際すでに、上記の六五校のうちの半数以上は定員割れしており、三大学はすでに閉校している。

創立者一族による理事会運営から脱却することによって、大胆な改革に乗り出したケースとしては昭和女子大学がある。創立者の二代目の理事長が二〇〇〇年に急死すると、専門職業人として海外生活が長かった長女が理事長に就任する。最初の理事会に出席した彼女は、理事会がまったく機能していないことに愕然とする。前理事長が学内の古参教授を論功行賞的に理事に任命していたからだった。彼女が就任した時点の昭和女子大学は、文学部と生活科学部と短期大学部からなる典型的な女子大学の色褪せた学部構成であり、いずれも学生募集に陰りをみせており、改革のモメンタムは失われていた。彼女は、有力企業人、金融マン、中央官庁の要職経験者などを学外理事に任命し、自由に発言する体制を整え、監事にも海外経験の長い有力企業人を就任させた。改革のテンポは速まり、〇三年には文学部を人間文化学部に改称するとともに、人間社会学部を開設、一三年にグローバルビジネス学部を開設、さらに一七年には国際学部の開設を予定するなど、女性の社会進出に合わせた教育研究体制の確立を図っている。いわゆる伝統校であるがために、改革の動きも滞りがちであった大学が、外部人材の招聘による理事会の活性化によって、一気に変わったのである。

さしたる伝統があるわけでもない多くの中小規模の大学で積極的な改革の動きが生まれない理由は、機能しない理事会のうえに安住して満足している人物が理事長に座っていることである。日本を代表するサル学の研究者であった杉山幸丸は、弱小私大ほど卑小な人物が理事や学長になり、彼らに牛耳られた大学が教育機関としての品位さえ保てなくなる事情を以下のように述べる。

〔理事会は〕弱小大学ほど、オーナーまたは理事長の息がかかった人物で固められやすい。多くの理事は雇われマダムであることを自覚しているから、あえて理事長の運営管理方針に異を挟まない。〔中略〕副学長や学監などとよばれる教員代表らしき存在など、「らしき」と言ったのは、実は教員たちが選んだ教員代表の人物ではなく、理事長や学長が自ら自分の周りに配置した防御壁の一部だからだ。〔中略〕要するに理事会は経営者中心部の隠れ蓑に使われている。

さらに学長選びについて、以下のように言う。

閉じられた世界の評価はしばしば特殊化の危険を伴う。他流試合にも競争にも弱く、開かれた環境で生き延びる力が欠けているからだ。閉じられた世界とはたとえば親族であり、宗教団体などもこの部類だろう。たとえ小さな大学でも、候補者は全国区で所属を問わずに探すのがよい。こんな弱小大学に来てくれるだろうかなどと考えてはならない。弱小大学だからこそ、誇るに足る歴史が少ないからこそ、第一級の業績と力をもった人物を頂点に据えるべきであろう。

わらじをすり減らしても学長にふさわしい人材を捜し回り、見つけたら三顧の礼を尽くして迎え入れる。さらに、ひとたび迎え入れたら十分なリーダーシップが取れるようなバックアップ態勢をとる。

あまりにも特殊化した種が不用意に外の世界に触れると大怪我をする。首都圏のある弱小私大は杉山のアドバイスを実行した。理事長はつてを頼って、著名な政治学者で著作も多くテレビへの露出も多い有力国立大学の教授のもとに通って学長就任を懇請した。理事長の熱意が伝わったのか、件の教授は国立大学の定年を待たずに移籍して学長に就任した。そこまではよかったのだが、彼が実際に大学運営に乗り出すと、理事長は自らの地位が脅かされたと感じたのだろう。報道によれば文科省からの学長宛文書を隠蔽するなど、学長の職務遂行を妨害する行為に及んだという。ついには理事会に怪文書が出回るなどの混乱の挙げ句、五年任期だった学長を古手の教員も一緒になってわずか一年で排斥した。大学経営に詳しい桜美林大学の諸星裕は、『危ない大学――データでわかる日本の未来』のインタビュー記事のなかで、以下のように述べている。

破綻の危機に直面しているのは、もともと存在理由の疑わしいような比較的新しい小規模の大学がほとんどです。［中略］こういう大学は、もともと経営手腕がないわけです。事情に疎いまま招聘されて新たに学長に就任した人は、ホントに気の毒だと思うくらいです。

件の理事長は、著名な学者を招聘して世間の注目を集めることにより自らの虚栄心を満たし、学長を広告塔にすることによって学生募集がV字回復するだろうという打算で動いたのであろう。しかし大学そのものが、著名な研究者を受け入れる器ではないことを世間に晒してしまったのである。当然のように大学は深刻な定員割れに喘いでいる。

英文学者で法政大学名誉教授である川成洋も多くの大学を観察した経験から、二〇〇〇年に上梓した『大学崩壊！』のなかで、弱小私大の理事会ほどお粗末な人物たちの寄せ集めとなることを指摘している。

理事の中には、大学の経営とか運営といった視点を微塵も持ち合わせず、まるで自分ですべてを決定しうる「零細企業の社長」か「町の商店主」気質丸出しの人物が多い。一口で言えば、金と権力には貪欲で、おおよそ「教育」とか「学問」などといった理知的な分野に馴染まない連中が、何故か、ちゃっかり理事に納まっている。

どれほど危機に陥っても、危機の原因さえ認識できない人物たちが上に立つ組織では、内部から改善されることを期待するのは無理である。さほどの努力や覚悟もなく、進学ブームの波に乗って大学をもつ学校法人に育ってしまっただけである。いわば目の前の魚群を追っているうちに外洋に出てしまった小型漁船のようなものだ。船長も乗組員の誰もが外洋を航海するだけの知識も技術も持ち合わせていない。魚影が消え、燃料も尽きれば漂流し、荒波のなかに没していくしかない。

大学経営という外洋に出た時点で、しっかりとした自覚をもった経営者たちによって、保守的になりがちな教員を説得しながら新しい方向性が示され、改革を進めることができた大学のみが、社会に求められる大学として再生を果たすことに成功してきた。しかし、それらは残念ながら少数にとどまる。多くの弱小私大は、もともと分不相応に、外洋に出て沈没しかかっているのである。沈没の危機を招いている責任は理事長ら経営陣にあるはずなのだが、多くの識者が指摘するように、彼らに高等教育の一翼を担っている自覚は乏しく、危機が深化しても自らの地位への執着のみで行動し、最後は不祥事さえ引き起こしかねない。被害者は誰よりも学生たちであり、良心的な教職員たちである。

第9章

「限界大学」の明日

1 「限界大学」とは

定員割れが進み存続が危ぶまれる私立大学についてみてきた。定員充足率を大きく割った大学が学生募集を回復させるのは非常に困難である。多くはもともと大学を経営する才覚を持ち合わせていない人びとによって開設されたからだ。ほかに大きな財源をもつなどの特別な強みがない限り、一〇〇校前後の大学が遠くない将来に退場することは避けられないであろう。それらの大学には次の三通りがある。

第一に、それなりの歴史はあるものの、改革を怠り社会から取り残されつつある大学である。家政系の分野に重心を置いたままの女子大学は一つの典型である。また、商学や経済学などの単科大学でも定員割れしているケースがあるが、小規模ゆえに同族的な理事会や閉鎖的な教授会など、組織が淀み活力が失われ、受験生から見放されるようになったものであろう。これらの大学に共通しているのは、高度な研究業績をもつ教員が多数いるわけでもなく、学生たちが居心地の良さを感じられるようなキャンパス環境の改善などには関心が薄いことだ。学生たちがキャンパスで過ごす時間が長い大学ほど、離学率は低いとする調査もある。殺風景な教室と貧弱な図書館と薄暗い学生食堂しかなく、最後の授業が終わると同時にキャンパスから人影が消えるような大学は受験生を追い返しているようなものである。これらの大学は、理事長や学長（しばしば同一人物である）の経営能力に限界があって破綻の危機を招いている。立地条件にはあまり関係なく、地方のみならず大都市圏でも同じようにみられる。

第二に、政府の政策に応じて開設したものの、過剰供給に陥って定員割れが発生している歯学部のケースである。七〇年代に開設された単科大学だけではなく、古くからの総合大学の歯学部でも定員割れを起こしている。一〇年度の私大歯学部は、入学定員一八九一人に対して入学者が一四八九人で、全体としても充足率が八割を切り、五校に一校は定員割れとなっていた。これらの大学は基礎体力があることと応募状況が回復傾向にあることから差し迫った破綻の恐れは少ないだろうが、より深刻なのはこの十数年、急増してきた看護師の養成学部・学科である。過剰供給になる可能性を指摘する向きもあり、またすでに一部の大学では履修困難な学力層を入学させている状況が明らかである。現時点では定員割れを起こしていないが、近い将来には淘汰が進むであろう。

第三に、数のうえで圧倒的に多いのが短大からの改組転換によって生まれた歴史の浅い大学である。短大のなかでもとくに新制高校が母体となったものの多くは、生徒たちの高学歴志向に応じて、卒業生への付加的なサービス程度の動機で開設されている。当事者たちにも高等教育機関を設けた自覚もあまりなく、内輪の論理でつくられたものである。大部分が女子向けのものだったから、八〇年代以降の女子のいっそうの高学歴志向および社会志向が進むなかで、その存在理由は急速に失われていった。本来ならば消滅していくはずの教育機関だったものが、空前の受験競争激化という状況のなかで四年制大学への改組転換を図った。これらの、たいした構えもないままに四年制大学に転換した大量の小規模大学が定員割れに追い込まれている。

すでに募集停止し閉校を予定している東京女学館大学はその典型である。都内の高級住宅地にあって「お嬢さま学校」であり大学進学実績でも評価の高い高校が、一九五六年に本部キャンパス内に文科のみの短大を開設した。その後、七八年に本部から西へ三〇キロほど離れた町田市に短大を移し、さらに二学科体制とした。四年制大学に改組転換したのは二〇〇二年のことである。入学定員二四〇人の短大から定員一一五人の国際教養学部のみの大学になったから、キャンパス環境は短大時代のままスタートしたのであろう。初代学長に文化人類学者として著名な中根千枝をもってくるなどしたが、定員割れが深刻化し、一三年には募集停止に追い込まれた。たとえ母体側にブランド力があっても、本部から離れた縁もゆかりも薄い地に開設された短大は高校卒業生たちの受け皿となることもなく、大きな改革も経ずに四大化しても地域から学生を集めるだけの魅力のある大学にはなれなかったのである。

同じような条件で四大化した多くの大学は、少子化の進むなかで学生を確保できるはずがない。小規模私大は、地域社会から信頼される地域限定のブランド力をもたなければ存続できない。地域社会の信頼を得るためには、地域社会の課題に全学的な取り組みとして積極的にかかわることが不可欠である。少子化は地方に限界集落を生み出しつつあるだけではなく、大都市圏においてもスポットのように高齢化した限界集落的な地域を生んでいる。豊島区が将来的に消滅の可能性のある地域の一つとして挙げられ、社会に衝撃を与えたことは記憶に新しい。

入学定員数百人以下の私立大学が存続する意味は、所在地の地域的課題を引き受け、その社会が共同性を維持しながら持続可能社会として存続していくための方策をともに考える教育研究の拠点となることにあるだろう。それは福祉分野に限られない。特産物の開発と流通の工夫で活気を取り戻そうとしている過疎の自治体もある。地元志向の若者たちに地域の歴史を学ばせることも必要だろう。また地方によっては大都市よりも外国人労働者や外国人観光客に触れる機会の多いケースもある。学生たちに国際的な視野を広げさせる必要があるのは、大都市にある有力大学だけではない。課題を見つけ出すこと自体が大学の役割であるはずだ。

今後、経営面でも所在地との関係においても能力に限界のある弱小大学が淘汰されていくことは、遅れていた受験バブル清算の意味もあり当然の成り行きである。文科省の姿勢も、地域に必要とされている、あるいはその努力をしている大学には存続の機会を与えようとするものにみえる。

2 文科省の動き

文科省は一六年四月、「私立大学等の振興に関する検討会議」を発足させた。テーマは、①私立大学等の果たすべき役割、②私立大学等のガバナンスのあり方、③私立大学等の財政基盤のあり方、④私立大学等への経営支援、⑤経営困難な状況への対応、⑥その他、私立大学等の振興に関すること、と多岐にわたっているが、一八年問題を控えて、⑤の「経営が困難」な私立大学をどう扱うかが主題であろう。とくに②の「ガバナンス」と③の「経営基盤」は、本書で論じてきたように弱小私大の根本的な課題である。破綻の避けられない弱小私大をどのように処理していくかが、避けられない課題として正面から論じられるようになったのである。

検討会議に提出された資料には、進学率が七〇~八〇パーセントに達する北欧諸国やオセアニア諸国の例が示され、日本にもまだ進学率の上昇の余地があることを示唆するものもあった。しかし、韓国などを除けば学生の八割を私学が引き受けている国はほとんどないこと、さらに私学の助成制度も縮減の一途をたどってきたことも示されている。そのうえで、近年の統廃合の事例とその法的手続きなども紹介されていることからして、基本的には経営の行き詰まった私立大学の自然淘汰による退場を避けられないものとし、かつその際の混乱を最小限に抑えたい、というのが文科省のスタンスだと思われる。

資料からみえること

検討会議に提出された資料から、本書で論じてきた内容を再確認しておきたい。まず定員割れの実状である。九〇年代末以降の大量の定員割れ大学出現後も、多少の変動はあるものの、約八割の大学は採算ラインの目安とされている定員充足率八〇パーセントを超えていることが指摘されている。逆に充足率八〇パーセントを下回っている私大が全体の約二割、一二〇校程度あり、これらは破綻候補として固定化されつつあると認識されていることがうかがわれる。

経営状況については、東京都と政令指定都市を除いた地方の中小規模私大（在籍学生数八〇〇〇人未満）の三〇四校中四五・四パーセントにあたる一三八校が経常収支（学納金などの収入から研究費・人件費などの支出を引いたもの）の赤字を抱えていることが示されている。都市部でも中小規模私大は、二二七校中の約三分一が赤字となっている。合計では二一七校となるが、これもすべてが破綻候補であるということではなく、傘下に収めている高校や専門学校など、大学以外の学校の安定収入の有無によって条件は変わってくる。学生獲得競争の激しい大都市部のほうが、規模の大小にかかわらず法人全体として厳しい状況に置かれている可能性が高い。

さらにガバナンスについては、理事長の経歴のデータを示している。もっとも多いのが、法人創設者あるいはその親族で三九・二パーセント、次いで法人学校の教員が三八・三パーセント、以下、法人の職員（一〇・五パーセント）、宗教法人や自治体からの派遣（九・一パーセント）と続く。これらの経歴は重複する場合が多いので、単純合計すると一〇〇パーセント近くになるが、実際には六四・七パーセントである。短大ではこの比率が七四・〇パーセントになる。規模別のデータは示されていないが、短大から改組転換した小規模大学では、短大文化が色濃く残っているため短大の状況に近いものが多く、創設にかかわった親族や宗教団体などの関係者による閉鎖的な経営が行なわれていることをうかがわせる。困難な状況に際してもっとも弱い体質である。

「支援」の方向性

文科省は私立大学を四つに類型化し、類型別に財政支援策を進めている。「タイプ1　教育の質的転換」「タイプ2　地域発展」「タイプ3　産業界・他大学等との連携」「タイプ4　グローバル化」の四類型である。

「質的転換」の内容としては、「全学的な体制での教育の質的転換（学生の主体的な学修の充実等）」として「全学的な教学マネジメント体制の構築」「シラバスの改善（主体的な学修を促す教育課程の編成）」「外部組織と連携した Project-Based Learning の実施」などが挙げられている。この類型にはさらに「高大接続改革に積極的な取り組み」が追加されている。

しかしながら、これらは定員割れしている大学がもっとも不得意とし、かつ取り組むうえでさまざまな障害を抱えているものである。第一に、全学的な教学マネジメントについては、とくに短大から改組転換した大学では学部以前に学科の閉鎖性、独立性が強いことは指摘してきたとおりである。全学的な取り組みを進めるには、まず学部以前に学科の壁を崩さなければならない。第二に、「学生の主体的な学修を促す仕組み」づくりも、資格取得を学修の主なモチベーションとしてきた文化からの脱却が必要であろう。第三に、短大の多くは職業教育を背景として特定の業界とのつながりはあっても、四大化した後の、地域などの多様な外部組織との連携はあまり進められることがなかったであろう。

「地域発展」の類型の大学には、「地域社会貢献」「社会人受入れ」「生涯学習機能の強化」などを支援するとしている。しかし、これも一部を除いて短大から改組転換した大学や小規模単科大学には、不得意な項目であろう。地域社会との接点はせいぜい学生募集の対象としての地域の高校であり、地方公共団体や地域のNPOなどの組織との密接な連携を構築していたものは少ない。とくに大都市圏では、教員も職員も地域社会とのつながりは薄いまま定員割れに追い込まれているのである。

「他大学等との連携」は、有力私大への吸収による存続の道につながるであろう。しかし、これを決断するには強力なリーダーシップが求められる。また、学長の肩書きに固執するような人物が頂点にいる弱小私大がこの道を選ぶことはないであろう。

委員会の議論のなかでは、私立大学の経営改善には理事長などの経営者たちの研修機会が必要であり、より共通した研修の場やマニュアル作りなども必要ではないか、との意見も出されている。たしかに、多くの経営者たちは大学経営に関する知識も経験も持ち合わせていない。高校あるいは短大を経営していた小規模な学校法人内部での経験しかない者が多く、狭い世界での「出世競争」に勝ち抜くことによって理事長や学長の地位にたどり着いた者たちだろう。そのような人物が組織の頂点にいること自体が、経営危機の根源なのである。経営危機に陥っている大学には中枢部分の人材の入れ替えが必要なのだが、その時間的な猶予はすでになくなっている。政府・文科省による財政支援を中心とした改革促進の効果は限定的と言わざるをえない。

3 破綻への備え

戦後学制改革の混乱のなかで暫定的措置として置かれた短期大学というカテゴリーの学校が、性格を変えながら高等教育の大衆化に一役買い、半世紀を経てその多くが大学にまで昇格した。

当時の関係者の誰にも想像できなかったことであろう。

短大は曖昧な性格であったがゆえに時代に応じて、いろいろな役割を果たしてきた。最初は企業経理や工業技術など、勤労青年向けの職業教育を提供する学校として、あるいは女性向けに高等教育を提供する学校として、夜間部も含めてその役割を果たしてきた。その後、経済成長に伴って高校教育が準義務化すると、女子向けに高卒者との差異を示す学歴を提供する教育機関として急激に拡大した。

七〇年当時の日本社会は、女性の初婚平均年齢が二十四・七歳、三十四歳時点の未婚率七・二パーセントと、国際的にみても結婚圧力が異常に高い国であった。その特殊な環境のなかで、秘書科や人文科など、結婚までの短期間、企業での補助的な労働に従事する人材を養成する短大が登場する一方、良妻賢母教育の名残のような分野の短大も急成長したのである。在学者の九〇パーセント以上が女性という、国際的に見ても奇妙な高等教育機関となった。

当時、欧米企業における秘書の役割を踏まえた秘書学の紹介に努めていた研究者は、短大に秘書科の開設申請をしようとする人物たちが教育目標として、「しとやかで素直にいうことを聞き、いやな顔をひとつせずに身の回りの世話を焼く女性の養成をめざします」と説明するのを聞いて、唖然とした経験を記している。短大経営に乗り出した人物たちには、高等教育を担うに必要な見識を欠く者も少なくなかったのである。

本来であれば、九〇年代に高等教育の世界から退場するはずだったそれらの短大は、第二次ベビーブーム人口による受験競争激化の余慶で思わぬ臨時収入を得て、女子の高学歴化を追うように、その多くが四大化へと進んだ。ここでも彼らは規制緩和という環境に巡り合わせ、特段の努力や用意もないまま、大学の開設という方向に歩を進めた。しかし多くの新設大学が提供した教育は、すでに高校生たちから敬遠され始めていたものでしかなかったから、間もなく多数の定員割れ大学を生み出すことになった。

短大の破綻例は少なくないが、四大が破綻する場合も短大と同様のトラブルが起きることが予想される。一五年に学生募集を停止した夙川学院大学では、資金繰りが悪化し、同窓会名義の預金からの無断流用が発覚し、短大教職員らの給与や賞与の未払いなどの経営問題が相次いで明るみに出た。また一〇年に閉校となった瀬戸内短期大学では、補助金の不正受給の表面化をきっかけに資金繰りが悪化し、退職金を分割払いとし、その未払い分で資金繰りをしてしのいでいたことが露見し、〇九年には学生募集を停止している。いずれも規律を欠いた経理処理が日ごろから行なわれていたことが背景にあると疑われても仕方のない不祥事である。

四大は短大と異なり、最後の学生を入学させてから最長で八年間の教育の責任を負わなければならない。閉校に向けて教員が順次解雇されていったため、ゼミ授業が突然なくなったり、専門外の教員が専門科目を担当したりするなどのトラブルも報告されている。大学の閉校による混乱の深刻さは短大の比ではない。少子化の進行によって大学の統廃合が避けて通れない状況のなか、市場主義的な成り行きに任せていれば、学生たちの教育を受ける権利が脅かされる恐れが強くなる。

受験競争の緩和という緊急の必要性があったとしても、八〇年代後半から文科省は大学運営能力に疑問のある学校法人にも大学設置を認可していった。それらの大学の多くが経営能力の限界を露呈しつつある。学校法人の多くは大学以下の複数の学校を傘下に置いているため、大学の経営破綻はグループ内の諸学校をも混乱に引き込む可能性がある。

図表9-1は定員割れとなっている大学を経営する学校法人が、どのような種類の学校を傘下に置いているかを示している。定員割れの大学のみを経営している学校法人を除くと、その数は九八になる。法人のなかには幼稚園のみというものが六つあるように、経営基盤が脆弱であることをうかがわせるものも少なくない。もっとも多いパターンは、高校以下の諸学校を経営している法人で三五ある。次いで多いのは短大を含む学校を経営しているものであり三〇である。これらの法人でも大学経営が行き詰まると、グループの諸学校の経営にも深刻な問題を生じる可能性がある。また五割近くの四七の法人が幼稚園をもっていることは、それらの法人の多くが幼稚園経営から始まって、幼稚園教員養成の小規模な短大を開設し、その後、短大を四大化することで大学経営に参入したことを意味している。経営基盤の弱いものが多いことが推測される。

図表9-1◆定員割れ大学をもつ学校法人の経営する学校種

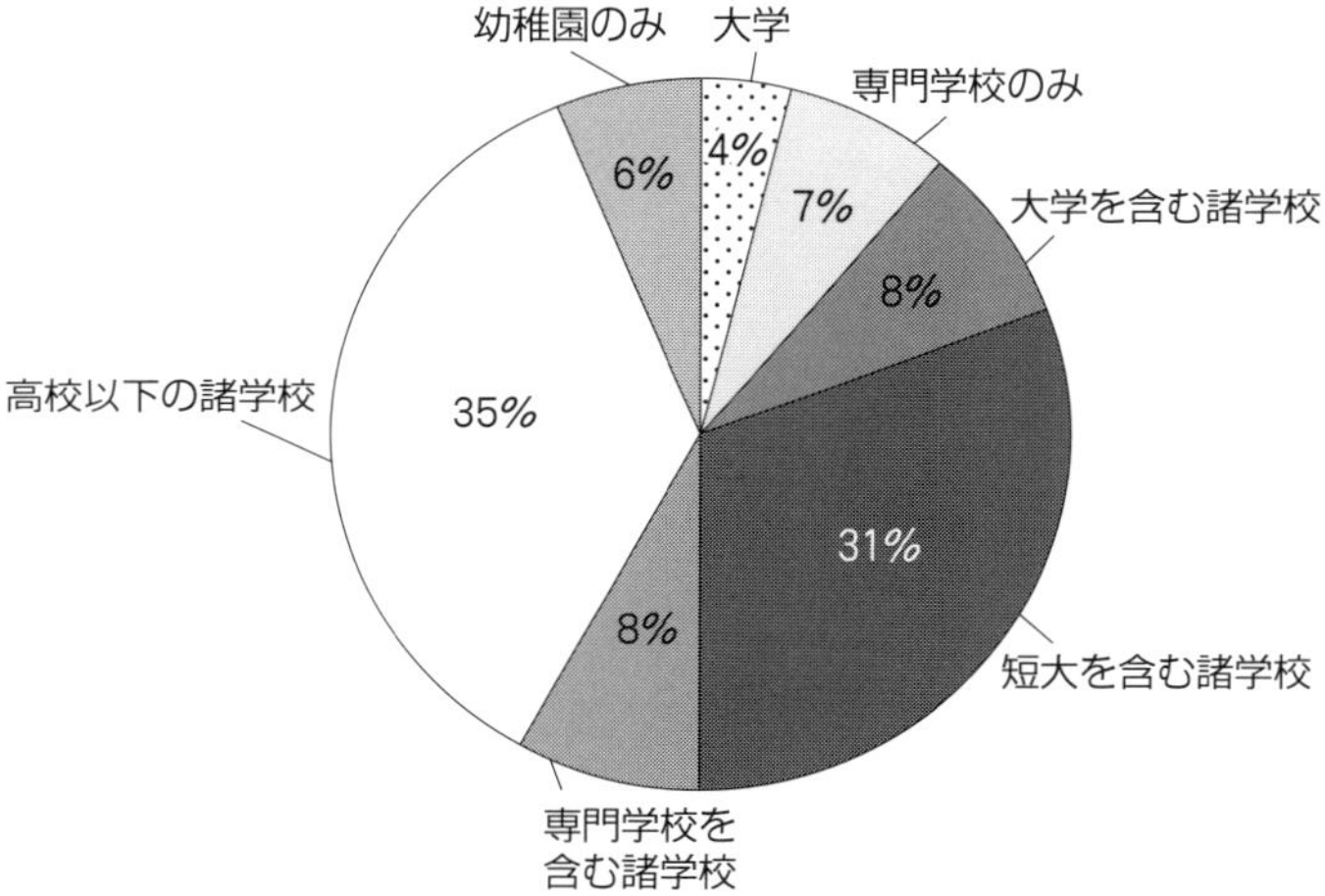

学校法人によっては、高校以下の学校の経営に危険を及ぼす前に自ら大学の死亡宣告をして、傷が大きくなる前に処分するだけの決断をするものもある。しかし展望もないまま赤字を出しながら衰弱が進行するものも少なくない。とくに、中高一貫校ブームに乗って中学校まで開設した大都市圏の私学のなかには、ブームが去って中高の生徒募集も思わしくない状態に陥っているものもある。その場合は、大学をもち続けることには限界がある。

突然の大学の閉校という混乱を避けるためにも、定員充足率、留学生依存率などのいくつかの指標を設け、あるいは同一法人の高校以下の諸学校の定員充足率、さらには理事会の健全性の評価も含めて、一定以上の危険な状況が何年か続いたら、統廃合などの退場を促す仕組みを用意する必要があるだろう。学生たちが学習機会を突然に奪われることのないよう、また高校以下の生徒の教育に支障を来さないよう、相当な定員割れに陥っている大学をもつ学校法人に対する指導のあり方を検討するべきである。

あとがき

筆者は二〇〇〇年に『なぜ公立高校はダメになったのか』（亜紀書房）を上梓した。二十数年間、東京近郊の公立高校に勤務しながら感じた高校教育のさまざまな矛盾をめぐって考え続けていた。文部省の政策はもちろん、教育研究者の議論も現場の疑問にはあまり役立たなかった。自分なりに出した結論であり、それなりの評価もいただいた。研究の幅を広げるために始めていたカナダ教育の研究も軌道に乗ったころ、小さな私立大学での仕事口があって教職担当の大学教員に転じた。海外に出るにも面倒な手続きを要求される公立学校教員の身分からすれば大変恵まれた環境となった。また地元の教育委員会と協力して行なったいくつかの事業は、高校教育とは違う義務教育の世界を理解するよい機会になった。

しかし大学でもさまざまな矛盾を感じざるをえなかった。所属する大学を含めて、学会活動などを通じて見聞する大学の実情を知れば知るほど、問題は高校教育以上に多様で複雑で深刻であることを痛感させられた。しかも高校以下の学校と異なり、社会の目が届いていない。偏差値に象徴される間接的な評価が中心である。高校以下の学校教育は常に国民的な評価に晒されている。また政府・文科省から出される政策も直接的に影響してくる。

大学が研究活動の拠点である限り、最大限に政府や社会の干渉から守られるべきである。しかし、地域に貢献すべき中小規模の大学が同じように扱われていいはずはない。学生募集に苦労している小規模私大にも公的資金は注入されている。その現状についても、もっと透明性を高めて広く議論されるべきである。本書は一〇年あまりの大学教員として私が感じてきた私立大学の矛盾についてのひとつの結論であり、その意味では、私にとって前著の続編である。

二〇一八年を控えて、すでに高校生や社会からの支持を失い定員割れが進み、破綻が近づいている私立大学が相当数に達している。それらの大学に共通点があるのかの疑問に応えてくれる研究はほとんどなかった。ジャーナリズムの文献にあたっても適当な答えは見つからなかった。定員割れ大学の多くが短期大学由来であることに気づいてからは、短大の歴史について調べ始めた。短大に関する研究の少ないことに驚いたが、教育社会学の泰斗である清水義弘氏が『短大に明日はあるか』を残していたのを見つけ、大きな手がかりを得ることができた。さすがに着眼点は鋭く、批判的な視点からの議論の多くは、短大のその後を予測した点でも優れたものである。短大当事者たちの機関誌などを除けば、その他の出版物としては朝日新聞記者だった本多二朗氏の『素顔の短期大学』がほとんど唯一のものであった。当時、女子高校生の進学先として急成長していた私立短大の内実にジャーナリストとして迫った良書である。多くの問題点も指摘していた。

短大設置申請の審査にあたった研究者たちも短大の実情に危惧の念を抱いていたのであるが、文部省は大学に比べれば、短大には放任に近い態度だったのではないかと思われる。短大が戦後の学制改革の際の落とし子的な存在であり、いつかは整理されるべきものとして、歴代の文部官僚たちの間で重要な課題とは認識されてこなかったためだろう。

八〇年代後半からの受験バブルにめぐり会った短大には、今度はバブルの落とし子として四大に生まれ変わる機会が訪れることになった。本来であれば八〇年代には消えるはずだった短大の延命効果となったこと、しかし新しい血肉を得る真摯な努力なしには、あくまで多少の延命効果でしかないことは、本書で示したつもりである。

しばしば研究者やジャーナリストが、ときには嫌悪感を隠さずに一部の中小私大の経営者の俗物性や卑小さを指摘する。彼らは肩書きと実態の落差ゆえに優越感と劣等感がない交ぜになった感情を抱き、しばしば顰蹙《ひんしゅく》を買う言動に出るからだろう。少子化に向かうなか、公教育に与るにふさわしくない人物たちが教育の世界から消えていくことは好ましいことかもしれない。

本書の構想を温めていたころアメリカ人の知人に「テーマは何だ」と訊かれ、咄嗟に「How stupid universities perish.」と答えたところ、西海岸の有力大学の名誉教授である彼は大笑いをした。アメリカでは大学と呼ばれるにはふさわしくない大学が消えていくのは珍しくない。ごく近い将来、日本でもそのような光景が出現することだろう。なお本書は学術書として書いたものではないこともあり、読者にとって煩瑣になることを避けるため、参考文献については巻末の一覧に掲載する形式をとった。

最後になったが、本書の執筆にあたってはさまざまな方々からアドバイスをいただくとともに、取材の申し入れに快く応じていただいた方々からの情報にも大いに助けられた。ここにお礼の気持ちを表したい。また昨今の出版事情のなかで本書の出版を引き受けていただいた白水社にも感謝の気持ちを表したい。

二〇一六年十一月

小川　洋

主要参考文献

天野郁夫『高等教育の日本的構造』玉川大学出版部（一九八六年）
朝比奈なを『見捨てられた高校生たち』学事出版（二〇一一年）
朝比奈なを『高大接続の〝現実〟──〝学力の交差点〟からのメッセージ』学事出版（二〇一〇年）
乾彰夫編、東京都立大学「高卒者の進路動向に関する調査」グループ著『18歳の今を生き抜く──高卒1年目の選択』青木書店（二〇〇六年）
岩田雅明『生き残りをかけた大学経営戦略──大学、常夏の時代から氷河期へ』ぎょうせい（二〇一三年）
潮木守一『大学再生への具体像』東信堂（二〇〇六年）
浦坂純子『なぜ「大学は出ておきなさい」と言われるのか──キャリアにつながる学び方』筑摩書房（二〇〇九年）
大内裕和『ブラック化する教育』青土社（二〇一五年）
大塚英志『大学論──いかに教え、いかに学ぶか』講談社（二〇一〇年）
金子忠史『短期大学の将来展望──日米比較を通して』東信堂（一九九四年）
神永正博『学力低下は錯覚である』森北出版（二〇〇八年）
苅谷剛彦『イギリスの大学・ニッポンの大学』中央公論新社（二〇一二年）

苅谷剛彦『学力と階層』朝日新聞出版(二〇〇八年)
川成洋『大学崩壊!』宝島社(二〇〇〇年)
河本敏浩『誰がバカをつくるのか?――「学力低下」の真相を探る』ブックマン社(二〇〇七年)
河本敏浩『名ばかり大学生』光文社(二〇〇九年)
喜多村和之編『学校淘汰の研究――大学「不死」幻想の終焉』東信堂(一九八九年)
喜多村和之『大学淘汰の時代――消費社会の高等教育』中央公論社(一九九〇年)
喜多村和之『大学は生まれ変われるか――国際化する大学評価のなかで』中央公論社(二〇〇二年)
木村誠『消える大学、生き残る大学』朝日新聞社(二〇〇一年)
木村誠『危ない私立大学・残る私立大学』朝日新聞社(二〇〇二年)
倉部史記『看板学部と看板倒れ学部――大学教育は玉石混交』中央公論社(二〇〇一年)
小林哲夫『ニッポンの大学』講談社(二〇〇七年)
小林雅之『進学格差――深刻化する教育費負担』筑摩書房(二〇〇八年)
児美川孝一郎『若者はなぜ「就職」できなくなったのか?――
生き抜くために知っておくべきこと』日本図書センター(二〇一一年)
佐々木隆生『大学入試の終焉――高大接続テストによる再生』北海道大学出版会(二〇一二年)
産経新聞社会部『大学を問う――荒廃する現場からの報告』新潮社(一九九二年)
島野清志『危ない大学・消える大学 二〇一五年版』エール出版(二〇一四年)
清水義弘『短大に明日はあるか』学文社(一九九二年)
瀬川松子『亡国の中学受験――公立不信ビジネスの実態』光文社(二〇〇九年)
橘木俊詔『経済学部タチバナキ教授が見たニッポンの大学教授と大学生』東洋経済新報社(二〇一五年)
杉山幸丸『崖っぷち弱小大学物語』中央公論社(二〇〇四年)
中村忠一『危ない大学』三五館(一九九七年)

日本私立短期大学協会『日本の私立短期大学』（一九八〇年）
日本私立短期大学協会『短期大学21世紀へ向けて』（一九九八年）
日本私立短期大学協会『日本私立短期大学協会50年史』（二〇〇〇年）
メアリー・C・ブリントン『失われた場を探して』玄田有史解説・監修、池村千秋訳、NTT出版（二〇〇八年）
本多二朗『素顔の短期大学』福武書店（一九八三年）
両角亜希子『私立大学の経営と拡大・再編――一九八〇年代後半以降の動態』東信堂（二〇一〇年）
諸星裕『大学破綻――合併、身売り、倒産の内幕』角川書店（二〇一〇年）
安田賢治『笑うに笑えない大学の惨状』祥伝社（二〇一三年）
矢野眞和『「習慣病」になったニッポンの大学――18歳主義・卒業主義・親負担主義からの解放』日本図書センター（二〇一一年）
山上浩二郎『検証 大学改革――混迷の先を診る』岩波書店（二〇一三年）
山岸駿介『大学改革の現場へ』玉川大学出版部（二〇〇一年）
吉見俊哉『大学とは何か』岩波書店（二〇一一年）
米澤彰純編集『大学のマネジメント――市場と組織（リーディングス 日本の高等教育7）』玉川大学出版部（二〇〇一年）

逐次刊行物・年鑑など

『IDE 現代の高等教育』IDE大学協会
『大学ランキング』朝日新聞出版
『短大蛍雪（全国短大&専修・各種学校受験年鑑シリーズ）』旺文社
『全国短期大学案内』教学社
『全国短期大学受験要覧』廣潤社
『全国短期大学案内』梧桐書院

『全国短期大学受験案内』晶文社
『私立大学・短期大学等入学志願動向』日本私立学校振興・共済事業団
『短期大学教育』日本私立短期大学協会
『全国大学一覧』文教協会
『全国短期大学・高等専門学校一覧』文教協会
『文部科学大臣所轄学校法人一覧』文教協会
『学校基本調査』文部科学省
『データでわかる日本の未来——危ない大学』洋泉社
『カレッジマネジメント』リクルート

その他

日本私立学校振興・共済事業団『学部・学科を廃止・定員減し新設する改組転換の事例——私立大学・短期大学はこのように変身した短期大学の〝改組転換〟——その計画と実際（平成9年9月〜12月調査 アンケート、現地取材）』（一九九八年）
地域科学研究会『大学・短大の改組転換・増設の実際 大航海期への〝再構築〟と〝改革活力〟資源評価と条件整備／学内合意とリーダーシップ 事例編（上）、事例編（下）』（一九九八年）
地域科学研究科高等教育情報センター『教学理念、教員組織、私学経営と〝ポスト「臨定」〟対応』（一九九五年）
百年史資料集編集委員会編『拓殖大学百年史 昭和後編・平成編』（二〇一三年）
五十周年記念事業出版委員会編『広島修道大学五十年史』（二〇一〇年）
明治大学史資料センター編『明治大学小史〈個〉を強くする大学一三〇年』（二〇一〇年）

著者略歴
小川　洋（おがわ・よう）
1948年東京生まれ。早稲田大学第一文学部を卒業後、埼玉県立高校教諭（社会科・地歴科）として勤務。並行して、国立教育研究所（現・国立教育政策研究所）研究協力者として日本の高校教育とアメリカやカナダの中等教育との比較をテーマに研究。その後、私立大学に移り、教職課程担当の教員として十数年勤務した。著書に『なぜ公立高校はダメになったのか』（亜紀書房、2000年）、共訳書に『ロッキーの麓の学校から――第二次世界大戦中の日系カナダ人収容所の学校教育』（東信堂、2011年）、共編著に『大学における学習支援への挑戦――リメディアル教育の現状と課題』（ナカニシヤ出版、2012年）などがある。

消《き》えゆく「限界大学《げんかいだいがく》」
――私立大学定員割れの構造

二〇一七年一月一〇日　第一刷発行
二〇一七年五月一〇日　第五刷発行

著者　©　小川　洋
発行者　及川直志
発行所　株式会社白水社
〒一〇一-〇〇五二
東京都千代田区神田小川町三-二四
電話　〇三-三二九一-七八一一（営業部）
　　　〇三-三二九一-七八二一（編集部）
振替　〇〇一九〇-五-三三二二八
http://www.hakusuisha.co.jp
乱丁・落丁本は、送料小社負担にてお取り替えいたします。

装幀　日下充典
DTP　閏月社
印刷所　株式会社理想社
製本所　株式会社松岳社

Printed in Japan
ISBN978-4-560-09526-3

プラハのシュタイナー学校

増田幸弘 著

日本の小・中学校からプラハの公立シュタイナー学校に編入した兄妹の戸惑いと成長ぶりを克明に描く。教育について日本で当然と思われている諸前提を心地よく揺さぶるレポート。